KB080265

팀장 리더십 수업

팀장의
서재 ■
001

LEADERSHIP FOR

TEAM LEADER

TEAM LEADER

TEAM LEADER

TEAM LEADER

혼자만 일 잘하는 팀장이 가장 쓸모없다

팀장 리더십 수업

TEAM LEADER

김정현 지음

센시오

팀장이 기업의
성패를 좌우한다

얼마 전 모 대기업의 L본부장과 식사하면서 이야기를 나누었다.

"요즘 어느 회사나 변화가 참 많은 것 같아요. 1년 앞을 내다보
기도 어렵네요."

"1년이 뭐예요? 몇 개월 앞을 내다보기도 쉽지 않은걸요."

"혹시 회사에 여러 변화가 생겨도 없어지지 않을 하나의 직책이
있다면 무엇이라고 생각하세요?"

"글쎄요. 저는 팀장이라고 생각합니다. 회사가 없어지지 않는
한, 조직의 근간을 이루는 것이 팀이고, 팀을 이끄는 팀장은 회
사의 생명과 함께할 것이기 때문이죠."

나는 그의 말에 전적으로 동의했다. 팀은 기업에서 성과를 내는 가장 기본적인 단위이고, 팀을 이끄는 팀장은 '작은 CEO'와 같다. 팀장이 어떻게 팀을 이끄는가에 따라 조직의 성패가 좌우될 것이다.

새삼스레 세어보니 올해로 조직생활을 26년째 해왔다. 팀원이 되어 팀장의 위치를 올려다보기도 했고, 직접 팀장의 업무를 수행하기도 했다. 그리고 팀장보다 더 높은 직급이 되어 팀장의 일을 지켜보기도 했다. 26년 동안의 조직생활에서 팀장이란 직책은 항상 나와 함께했다.

나도 그러했듯이 팀장이 되면 가장 먼저 당황스러움이 앞선다. 팀장으로서 내가 무엇을 해야 하고, 어떻게 팀을 이끌어야 하는지에 대한 고민이 많아지기 마련이다. 그리고 어쩌면 당연하게도 이러한 고민에 대한 답은 아무도 알려주지 않는다. 그냥 몸으로 때우고, 시간을 견디며 스스로 깨닫는 것이다.

그러다 보니 처음 팀장이 된 사람들은 무작정 열심히 한다. 조직에서 인정을 받아 팀장 자리에 올랐으니, 그동안 해왔던 그대로 최선을 다하는 것이다. 문제는 팀장과 팀원의 역할이 전혀 다르다는 데 있다. 팀장은 팀장이 해야 할 일을 해야 한다. 이를 깨닫지 못하고 팀원들의 일을 혼자 떠맡아 하다가 제풀에 지쳐 결국 처음의 열정을 잃고 서서히 침몰하는 팀장을 주변에서 너무 많이 보았다.

그래서 만약 내가 책을 쓴다면 팀장들에게 도움이 되는 책을 쓰고 싶다는 생각을 계속해왔다. 굳이 내가 보태지 않아도 이미 책이 넘치는 시기에 단지 내 이름 석 자 더하는 책을 만들까 봐 걱정이 앞서기도 했다. 하지만 한 작가의 말이 나를 움직였다. "지금의 경험과 노하우를 글로 표현하지 않으면 그것은 직무유기이다." 이 말에 힘을 얻어 이렇게 책을 쓰게 되었다.

이 책은 총 9장으로 구성되어 있다. 1장부터 5장까지는 팀장의 역할과 팀장이 되면 반드시 알아야 할 핵심역량을 다루었다. 6장부터 9장까지는 팀장이 팀 운영을 할 때 놓치기 쉬운 세밀한 영역을 다루었다.

무엇보다 이 책에서 국내 조직생활에서 겪은 생생한 경험을 최대한 많이 담으려고 노력했다. 팀이라는 것, 리더십이라는 것, 역량이라는 것, 조직개발이라는 것 모두가 외국의 학문에서 비롯되다 보니 뛰어난 책에 나온 사례들이 외국의 조직생활과는 맞을지라도 우리나라 조직생활과는 다소 맞지 않는 경우가 있었다. 그래서 이 책을 쓰면서 필자의 경험을 최대한 살려 우리 상황에 맞게 고치려고 노력했다. 물론 검증된 이론도 함께 제시했다. 이론이 탄탄해야 실전이 강해지기 때문이다.

또한 배운 내용을 실제 현장에 적용할 수 있도록 각 장마다 팀장으로서 생각할 거리를 정리한 성찰질문과 팀장교육에서 활용도가 높은 자가 진단지를 참고 자료로 제공했다. 독자 스스로 이해하고 활용하기 쉬울 뿐 아니라, 현장 교육이나 워크숍에서 교재로도 활용도가 높을 것이다.

그동안 현장에서, 학업에서 배운 이론과 경험을 기반으로 준비한 이 책이 대한민국 모든 팀장들에게 좋은 안내서가 되어주길 기대한다.

5년 전 박사학위 논문 서두에 이런 말을 썼다. "부족한 나의 논문과 학위가 하나님께 선한 도구로 사용되길 기도합니다." 다시 한번 이 책이 선한 도구로 사용되길 기도한다. 나에게 공부할 수 있는 능력을 주시고 거름더미에서 드사 귀족들과 함께 앉게 하시는 하나님께 모든 영광과 감사를 돌린다. 마지막으로 항상 나를 지지해주고 응원해준 가족들에게 고마움과 미안함을 전한다.

contents

내 감정을 다스려야
팀원의 감정도 살필 수 있다 _감성리더십

모든 문제는
팀장의 말투에서 시작된다 _소통법

Chapter.1

일 잘하는 팀원이
일 잘하는 팀장이
되는 건 아니다

팀장은 팀원과
다른 일을 해야 한다

일 잘하는 A과장이 팀장이 되어
회사를 그만둔 이유

B본부장은 1년 매출 목표액을 상반기에 모두 달성할 정도로 탁월한 A과장을 팀장으로 승진시켰다. 그런데 이게 웬일! A과장이 팀장이 되자마자, 그 팀의 성적은 바닥을 치며 하위권으로 내리쳤다. 매출은 오르지 않았고, 팀원들은 자주 교체되었다. 좀 더 세밀하게 팀을 살펴보니, 기대를 갖고 발탁해 승진시킨 A팀장이 문제였다.

그가 가진 팀원으로서의 능력은 탁월했다. 그가 영업하기 위해 자가용을 운전한

거리는 1년에 10만 킬로미터가 넘었다. 보통 자가용이 2만 킬로미터, 영업용 택시가 10~13만 킬로미터을 달린다고 하는데, 그는 거의 영업용 택시 수준으로 거래처, 고객사를 방문한 것이다. 퇴근시간인 6시를 훌쩍 넘긴 시간까지 일하는 경우도 흔했고, 주말에도 출근하는 경우가 많았다.

A과장은 팀장이 되면서 이런 본인의 스타일을 계속 유지했고 팀원들에게도 자신의 업무방식을 요구했다. 팀원들과 잦은 불화를 겪었고 팀원들은 다른 팀으로 전출을 원하거나 심지어 퇴사하는 경우도 허다했다.

결국 A팀장의 팀은 하위권에서 벗어나지 못했고, 얼마 지나지 않아 A팀장도 회사를 그만두었다.

위 사례는 실제 내가 겪은 일이다. B본부장은 나다. 내가 그때 그 친구를 승진시키기보다, 연봉을 올려주고 팀원으로서 자기 영역을 확고히 가질 수 있도록 도왔다면 어땠을까? 그 팀원과 A팀장 모두에게 좋았을 것이라는 아쉬움이 남는다. 그 사건을 통해 팀원의 역량과 팀으로서 성과를 만들어내야 하는 팀장의 역량은 틀림없이 다르다는 것을 깨달았다.

얼떨결에 팀장이 되었든지, 아니면 예상된 수순에 따라 팀장이 되었든지, 팀장의 역할 수행은 팀원일 때 사용했던 무기만으로 승리하기가 쉽지 않다. 어떻게 하면 팀장으로서 탁월한 팀을 만들어 성과를 내며 승리할 수 있을까? 함께 고민해보자.

'역량의 덫'을 조심하라

IMF 이후 우리나라에서 팀제는 보편화되었다. 개인의 평가보다
팀의 평가가 중요한 척도가 되었다. 때문에 조직 관리자로서 어
떻게 하면 팀을 활성화하고, 팀의 성과를 극대화할 것인가의 문
제는 핵심과제가 되었다.

오하이오 주립대의 브루스 터크먼Bruce W. Tuckman 교수는 팀은 일
반적으로 4단계의 변화를 갖는다고 했다. 형성기Forming → 혼돈
기Storming → 규범기Norming → 성취기Performing가 그것이다. 팀은 살
아있는 유기체와 같다. 그래서 변화한다. 그러나 팀은 저절로 변
화되지 않는다. 팀의 구성원들이 팀을 변화시킨다. 그 구성원의
변화의 핵심은 바로 팀장이다. 팀은 일반적으로 조직에서 성과를
내는 가장 기본적인 단위이고, 팀장은 그 팀을 이끄는 리더로, '작
은 CEO'가 된다. 팀장은 조직의 성패를 가르는 핵심이다. 그래서
우리는 팀장의 리더십과 역량에 대해 주목할 필요가 있다.

우리는 조직에 들어가게 되면 자기의 성장과 조직의 발전을 위
해 맡은 바 업무를 충실히 한다. 피터의 법칙[1]을 굳이 말하지 않아
도, 조직은 개개인의 무능이 드러나지 않는 한 적절하다고 판단한
시점에 승진시켜준다.

---

1   조직에서 직원들은 자신의 무능력 수준에 도달할 때까지 승진하려는 경향이 있다는 법칙.

그러다가 정말 '어쩌다 팀장'이 된다. 팀을 맡게 되는 것이다. 이전에는 자신의 일만 열심히 하면 되었는데 달라졌다. 팀의 성과로 평가받는다. 즉, 팀장의 일은 팀의 성과를 내는 것이 되었다.

어느 조직에서는 서로 팀장을 하지 않으려는 현상도 발견된다. 그냥 조용히 자신의 일만 하면서 조직생활을 하고 싶어하는 팀원도 있다. 그렇지만 동기나 후배들이 팀장으로 승진하는 동안, 팀원으로 내 일만 조용히 하며 회사생활을 하는 것도 쉬운 일은 아니다.

어쩌다 팀장이 되면 팀을 어떻게 이끌어야 할지 막막하다. 혼자가 아니라 전체 팀을 생각해야 하니 부담도 커진다. 피하고 싶은 게 솔직한 심정일지도 모른다. 조직생활을 하며 팀원이었을 때 좋은 성과를 낸 사람이 팀장이 되어서는 오히려 성과를 내지 못하는 경우를 많이 봐왔다. 팀원으로서의 역량과 팀장으로서의 역량에 분명한 차이가 있는 것이다.

미국 스탠퍼드대 제임스 마치 James G. March 교수는 자신의 연구에서 이를 뒷받침하는 결과를 보여주었다.

그는 하위 직급에서 쌓은 역량이 오히려 상위 직급에서 성과창출에서 발목을 잡는 경우가 많은데 이를 '역량의 덫'이라고 정의했다.[2] 이전 역할에 맞는 뛰어난 역량을 보유한 사람일수록 새 역

---

2 "최악의 승진 인사 만드는 '역량의 덫'", DBR, 2010. 3월. 제53호.

할에 필요한 새로운 역량을 개발하는 데 어려움을 겪을 수 있음을 연구를 통해 보여주었다.

즉, 팀장이 팀원이었을 때의 성과와 팀장이 된 현재 성과 사이에는 통계적으로 아무런 상관관계가 없다. 팀원의 역량과 팀장의 역량은 분명 다르다.

새로운 팀을 맡은 팀장에게는 이 연구결과가 걱정스러울 수도 있다. 하지만 한편으로는 그동안 좀 부족한 팀원이었을지라도 새롭게 맡은 팀장의 역할을 잘 할 수 있을 것이라는 희망을 준다.

다른 일 하지 말고
팀원부터 파악하라

내 버스에 누구를 태울 것인가

팀장으로서 탁월한 팀을 만들기 위해서 어떤 고민을 해야 할까? 팀 이름을 멋있게 짓는 것? 팀 목표 정하기? 팀 성과달성에 대한 고민?

좋은 팀을 넘어, 탁월한 팀을 만드는 팀장이 해야 할 첫 번째 고민은 무엇보다도 내가 운전하는 버스에 '적합한' 사람들을 태우는 것이다. 다시 말해, 팀장으로 나의 팀에 '적합한' 사람들을 찾아 배치하는 것이다. 탁월한 팀장은 '누구who'라는 문제가 '무엇(what)'

이라는 문제보다 앞선다.

그렇다면 '적합한' 사람은 어떤 사람을 말하는가? 대부분 성공한 조직에서 '적합한 사람'을 규정할 때 특별한 전문지식, 스펙, 기술, 경험, 교육적 배경 같은 것만을 의미하지는 않는다. 오히려 품성character에 더 많은 중점을 둔다.

품성은 그 사람 자체이기 때문이다. 그렇다고 전문지식이나 기술이 중요하지 않다는 것이 아니다. 전문지식이나 기술은 가르치거나 훈련시키기가 비교적 쉽다. 그러나 품성과 관련된 성격, 가치관, 헌신적 자세와 같은 차원의 것들은 교육으로 변화시키기에는 한계가 많다.

탁월한 팀장은 성급하게 판단하지 않는다

짐 콜린스Jim Colins는 《Good to Great》에서 적합한 사람을 버스에 태우는 것에 대한 장점을 이렇게 말했다.

만약 당신이 적합한 사람들을 버스에 태운다면 사람들에게 어떻게 동기를 부여하고 사람들을 어떻게 관리할 것인가 하는 고민은 대부분 사라진다. 적합한 사람들은 타이트하게 관리할 필요도, 열정을 불어넣을 필요도 없다. 그들은 내적 동력에 의해 스스로 동기를 부여하여 최선의 성과를 만들어내며 뭔가 탁월한 일을 창조하는 것의 한 부분이 될 것이다.

탁월한 팀장은 성급하게 판단하지 않는다. 팀장인 내가 운전하는 버스에 누가 가장 적합한지를 심사숙고해야 한다. 팀장으로서 적합한 팀원 선발에 한계가 있다고 하더라도 이에 대해 많은 시간과 노력을 기울여야 한다. 어떤 팀원은 맞지 않는 자리에 앉아 있는 것은 아닌지, 어떤 팀원은 버스에서 완전히 내리게 해야 하는 건 아닌지 등 판단하는 데 심사숙고해야 한다. 그럼에도 위의 두 가지 경우 중 한 가지에 해당되는 상황에 처했다면 팀장은 과감하게 필요한 조치를 취하는 것이 바람직하다.

멘토와 꼰대는
한끗 차이

'나는 옳고 너는 틀리다'라는 병

한때 우리 사회에서 가장 주목받는 단어 중 하나가 '꼰대'였다. 그런데 이 꼰대라는 단어가 놀랍게도 1960년대에도 사용되었다. 1964년 신문기사 중에 "중고등학생들이 부모를 가리키는 은어로 쓰는 좋지 않은 말이 있는데 암꼰대와 수꼰대가 있다"라고 보도한 적이 있다. 결국 이 단어는 비교적 오래전부터 우리 사회에서 사용되었던 단어인데, 최근에 세대 간의 간극이 더욱 커지면서 다시 주목받게 된 것 같다.

꼰대질은 '기성세대가 자신의 경험을 일반화하여 젊은 사람에게 어떤 생각이나 행동방식 따위를 일방적으로 강요하는 행위를 속되게 이르는 말'로 정의된다. 꼰대라는 단어는 너무 유명해져, 영어로 'KKONDAE'로 표기하며, 2019년 영국 BBC방송 페이스북에도 소개된 바 있다. '자신이 항상 옳다고 믿는 나이 많은 사람'이란 뜻이며, '다른 사람은 늘 잘못됐다고 여긴다'는 설명까지 추가했다.

우리가 '꼰대'를 불편하게 여기는 이유는 영국 BBC방송에서 소개된 개념에 동의하기 때문일 것이다. 즉, '꼰대'는 나이가 많고 적음을 떠나 꼰대질을 해대는 사람들을 비꼬는 개념으로 이해해야 할 것이다.

꼰대가 될 것이냐, 어른이 될 것이냐

꼰대가 가진 특징들은 너무 많다. 세대와 관련한 여러 책들은 저마다 꼰대에 대해 다르게 정의하고 있는데 그중 한 매체에서 정리한 몇 가지 특징을 살펴보자.[3]

---

3 "꼰대를 알아보는 방법", http://www.gqkorea.co.kr/2018/02/20.

1. 자기자랑을 멈추지 않는다.

시도 때도 없이 자신의 경험과 지식을 자랑한다. "내가 왕년에는~". 그러나 너무 오래되고 황당한 이야기라 그다지 공감을 얻지 못한다.

2. 무조건 가르치려고 한다.

꼰대들은 자신의 경험과 지식이 많다고 생각하기에 가르치기 바쁘다. 그러나 전문성이 떨어진 오래된 지식인 경우가 많다. 조그마한 경험과 지식도 크게 부풀리기 일쑤다.

3. 남의 말을 듣지 않는다.

듣는 척만 하지, 제대로 남의 말에 귀 기울이지 않는다. 남의 충고는 더욱 밀어낸다. "그게 아니라"라는 말이 종종 튀어나온다.

4. 어린 사람을 무시한다.

꼰대들은 어린 사람이 자기 세대에 부합하는 담론을 제시하면 "요즘 애들은 말이야~"라는 부정적인 반응을 보인다. 나는 옳고 너희는 틀렸다는 이분법적 사고의 경향이 많다.

5. 쉽게 화를 낸다.

꼰대들은 화를 잘 낸다. 이유는 알기 쉽지 않다. 후배들이 살갑게 다가가면 버릇없다고 생각한다. 후배들이 차갑게 하면 싸가지가 없다고 한다. 회의나 회식 때도 갑자기 태도가 돌변하여 "너, 나 무시해?"라며 버럭 화를 낸다.

6. 자신을 모른다.

꼰대들의 가장 큰 특징은 자기 자신이 꼰대인 줄 모른다는 것이다.

한편, 서강대 전상진 교수가 《세대 게임》에서 주장한 것처럼, "꼰대라는 개념이 세대간 프레임 전쟁으로 이익을 얻고자 하는 자들이 만들어놓은 것"이라는 주장은 설득력이 있다.

꼰대라는 단어가 기성세대의 뛰어난 성과와 그들의 조언들을 끊어내는 수단으로 사용되어서는 안 된다. 세대 분류의 가장 대표적인 것은 동시대의 '경험'을 함께 한 무리이다. 기성세대로 대표되는 선배세대들은 많은 경험을 갖고 있다. 선배세대들이 그 경험을 후배들을 평가하고 꾸지람하는 수단으로 사용할 때 그 선배는 '꼰대'가 되기 쉽고, 반대로 후배들을 도와주고 이끄는 수단이 된다면 '어른'이 될 것이라고 생각한다.

X세대 과장, M세대 대리, Z세대 사원

다양한 세대로 구성된 팀원을 받아들여라

팀장이 된다는 것은 당연히 팀을 이끌어야 한다는 것을 의미한다. 그런데 팀장들은 요즘 팀원들이 옛날 방식을 잘 받아들이지 않는다며 고민한다. 구인구직 전문사이트 '사람인'에서 2018년 8월에 직장인 766명을 대상으로 '직장에서 세대 차이를 느낀 적이 있는가'라는 질문에 직장인의 79.4퍼센트가 세대 차이를 느낀 적이 있다고 응답했다.

이는 팀원에 대한 고민과 연구가 필요하다는 의미다. 요즘 조직에서 팀장은 일반적으로 X세대가 대부분이고, 팀원들은 밀레니얼 세대, Z세대들로 구성된 경우가 일반적이다. 그래서 팀을 구성하는 대부분인 밀레니얼 세대, Z세대들에 대한 분석과 이해가 필수적이다.

2019년 1월 '사람인'에서 기업 인사담당자 479명을 대상으로 '밀레니얼 세대 신입사원의 특징'을 조사했다. 밀레니얼 신입사원의 가장 큰 특징으로 '회사보다 자신을 중심으로 생각한다(42.0퍼센트)'가 1위를 차지했다. 그 다음으로 '워라밸 중시(26.3퍼센트)', '의사표현이 솔직하고 적극적(15.9퍼센트)', '모바일 활용 및 SNS 소통 중시(4.6퍼센트)', '자신을 위한 투자에 아낌없음(3.8퍼센트)', '격식, 규범보다 효율성 중시(2.9퍼센트)' 등이 잇따랐다.

조직의 관심을 반영하듯 요즘 밀레니얼 세대에 대한 책들을 많이 볼 수 있다. 각 세대별 정의와 특징들에 대해 다양한 이야기들을 하고 있다. 그런데 그 세대별 구분은 대부분 미국의 정의에 따른 것이다. 예컨대, 베이비붐 세대, X세대, 밀레니얼 세대, Z세대라고 구분하는 것은 한국사회와 잘 맞지 않는 경향이 있다. 그런 면에서 보면 80년대생을 바링허우, 90년대생을 쥬링허우라고 하는 중국의 세대 구분처럼, 세대의 특징으로 구분해보는 것도 바람직해 보인다.

팀장만 모르는 요즘 것들의 DNA

중요한 것은 80년대생과 90년대생들은 그 세대들만의 독특한 특징이 있다는 사실이다. 세대 문제를 다루는 연구자들은 세대라는 말을 일반적으로 다음 네가지로 정의한다. 첫째는 동시 출생 집단을 의미한다. 둘째는 '부모세대'와 '자식세대'처럼 가계 계승의 원리로 사용한다. 셋째는 생애주기의 단계에 있는 사람을 말한다. 넷째는 어떤 특정한 역사적 경험을 공유한 사람들을 총칭한다.[4]

요즘 세대로 구성된 팀원들에 대한 고민은 첫째와 넷째의 정의 집단으로 이해하고자 한다. 그들은 자기들만의 독특한 특징을 갖고 있는데, 이를 이해하는 것은 탁월한 팀장이 되기 위한 기초적 필수 요소가 된다. 허두영은《요즘 것들》에서 요즘 세대들의 DNA를 일곱 가지로 분류했다 질문자, 조급증 어른이, 학습자, 최신기술 숙련자, 의미추구자, 현실주의자, 성취주의자가 그것이다. 저자는 이를 중심으로 요즘 세대의 특징을 다음과 같이 세 가지로 요약했다.

첫째, 요즘 세대들은 조급한 학습자이다. 요즘 팀원들은 속도가 빠르다. 인터넷과 컴퓨터, 스마트기기, SNS까지 최신 IT기술은 그

---

4 임홍택(2019),《90년생이 온다》, 웨일북, p41.

들의 속성을 특징짓는다. 그들은 답답한 것을 견디지 못한다. 예를 들어 '스크롤 압박'의 준말인 '스압'을 견디지 못하겠다며 댓글로 짧게 쓸 것을 요구하기도 한다. 네이버 검색보다 유튜브 검색을, 정규 TV방송보다는 짤방을 즐기는 요즘 세대들에게 긴 글을 참을성 있게 읽어주는 태도를 기대하기란 쉽지 않다. 그렇기에 요즘 팀원들에 대한 피드백이나 소통에서도 지혜가 필요하다. 가급적 빠른 피드백이 좋다. 소통에서도 스마트기기를 이용하거나, 정곡을 찌르는 요점형 소통이 필요하다.

아울러 그들은 성장과 배움에 대한 욕구가 강하다. 회사시간이 끝나면 곧바로 집에 가서 쉬기보다는 자신의 성장을 위해 시간을 투자하는 경우가 많다. 또한 보수가 조금 적더라도 보람과 의미, 성장이 뒤따르는 일이라면 과감히 자신을 바친다. 즉 적성과 흥미, 성장과 배움에 보다 큰 가치를 둔다.

둘째, 요즘 세대들은 즐기는 현실주의자이다. 요즘 팀원들은 이전 세대들보다 더 많은 삶의 유희를 추구한다. 욜로나 소확행이란 단어의 유행이 그런 특징을 단적으로 보여준다. 즉, 불확실한 미래를 위해 현실의 삶을 너무 제한하고 싶어 하지 않는다. 어떻게 보면 살기가 더 어려워지고, 삶이 불안하기에 이런 현상이 풍선효과처럼 나타나는 것 같다. 그들은 너무 딱딱하고 규칙적이고 철저한 규칙의 질서에 답답해하고 숨막혀 한다.

그렇다고 요즘 세대들이 자신의 삶을 아무렇게나 내팽개치는 것은 아니다. 자신의 삶을 누구보다 고민한다. 현실에 충실하고 현실에서 승자가 되길 원한다. 최선을 다해 현재의 삶에 충실한다. 요즘 세대들의 가장 큰 즐거움은 자아실현의 즐거움이다. 조직에서 하는 모든 일들이 팀원들의 자아실현을 위한 것들로 구성된 것은 아니지만, 팀장은 요즘 세대 팀원들의 성향을 이해하고 일을 배분할 필요가 있다. 이전 세대들이 매슬로우의 1, 2단계 욕구, 즉 먹고 사는 문제, 안전에 대한 문제 등의 해결을 위해 많은 노력을 해왔다면 요즘 팀원들은 매슬로우의 마지막 단계 욕구인 자아실현을 실현하고자 노력하고, 그 노력을 즐긴다.

셋째, 요즘 세대들은 정의로운 의미추구자이다. 요즘 팀원들은 정의롭다. 여기서 정의롭다는 것은 공평, 공정, 무사함을 말한다. 그들은 불공정함을 용납하지 못한다. 이전 세대들이 인맥이라는 네트워크로 움직이는 조직에서 살아왔다면, 새로운 세대들은 이런 네트워크를 통한 불공정함을 참지 못한다. 신뢰와 솔직함에 기반한 시스템으로 움직이는 사회와 조직을 원한다.

2018년 평창 동계올림픽 때 아이스하키 선수 선발과 관련한 과정이 공정하지 못했을 때, 그들은 거침없이 자신의 의견을 말하고 공정함을 요구했다. 기업들이 올바르지 못한 행동을 할 때 그들은 침묵하는 다수가 아니라, 적극 참여하고 의견을 말하는 독립된 존재가 되었다. 그들은 부당함과 비합리적인 상황에 대해 과감하게 이슈를 제기한다. 이러한 이슈 제기를 통해 조직과 시스템을 바꾸려고 노력한다. 그들은 가치와 의미를 중요하게 생각하기 때문이다.

요즘 팀원들은 자신이 필요한 사람이라는 인식을 갖게 해주는 일을 원한다. 어떤 일을 하든지 일의 의미를 갖기 원한다. 하나의 부속처럼 무의미하게 일하는 것이 아니라, 작은 일이라도 그 속에서 의미를 가질 수 있을 때 헌신한다. 그러기 위해서는 그들에게 일의 의미를 충분히 설명하며 설득하는 과정이 필요하다.

한 연구에 의하면 조만간 조직 구성원의 50퍼센트를 넘을 것으로 예상되는 밀레니얼 세대, Z세대에 대한 분석과 이해는 팀장으로서는 필수요소가 되었다. 앞에서도 언급했지만, 요즘 우리 사회에서는 이런 질문이 유행이다.

"당신은 꼰대입니까? vs 당신은 어른입니까?" 자신의 구태의연한 사고방식을 타인에게 강요하는 꼰대의 모습이 아니라, 팀원들을 올바른 방향으로 이끌고 성장시키는 어른의 모습을 갖춘 팀장이 바로 탁월한 팀장의 모습이다.

팀장에게 꼭 필요한 핵심역량 5가지

좋은 팀장을 넘어 탁월한 팀장으로

교육전문기관인 '휴넷'이 2020년 3월 직장인 512명을 대상으로 조사한 결과에 의하면 직장인의 55퍼센트가 팀장 리더십에 만족하지 못한다고 응답했다. 팀장이 되면 리더십 계발이 더욱 필요하다는 것을 보여주는 결과다.

탁월한 팀장은 좋은 팀장에 비해 엄청난 성과를 창출한다. 여러 연구에 의하면 전체 100명 중 가장 뛰어난 사람과 나머지 대다수 사람들의 생산성을 비교할 때 엄청난 차이가 있었다. 고도의 능력을 요하는 과업에서는 최상의 능력을 보이는 사람의 생산성이 보통 사람의 생산성보다 2.27배나 더 높게 나타나기도 했다. 조직에서 왜 탁월한 팀장을 원하는지를 말해주는 단면이다.

존 젠거John H. Zenger는 《The Extraordinary Leader》에서 탁월한 리더에 대해 아래와 같이 구체적으로 설명하고 있다. 리더라는 단어를 팀장으로 바꾸어 설명해보겠다.

탁월한 팀장을 위한 기초블록 5개

탁월한 팀장의 리더십은 상호보완적인 역량의 기초블록들로 이뤄진다. 리더십에 대한 다양한 정의가 있지만, 젠거는 리더십을 복잡하게 설명하지 않는다. 상호보완적인 역량의 합이라고 설명한다. 이 역량의 기초블록은 5가지이다.

첫째는 품성character이다. 팀장은 좋은 품성을 갖추어야 한다. 이 품성은 여러 가지를 내포하고 있다. 전인격성, 진실성, 윤리성, 정직함 등을 포함한다. 이것은 팀장이 스스로 보여준다. 숨기려 해도 숨길 수 없고, 언제나 투명하게 드러난다. 품성이 바르지 못하면 리더로서의 역할을 제대로 할 수 없다. 메러디스 벨빈Meredith R. Belbin도 《팀이란 무엇인가management team》에서 성공적인 팀에서 비숫한 성격을 가진 팀장들이 발견되었다고 했다. 그들에게는 공통된 3가지 요소가 발견되는데, 팀원을 신뢰하는 태도, 신뢰하는 태도에 균형을 맞춘 강력한 주도력, 탁월한 목적의식이 그것이다. 아래 [그림1-1] '탁월한 팀장의 리더십을 이루는 역량 블록'에서 보듯이 품성은 텐트를 이루는 가운데 중앙폴이다. 이 품성에 따라 중앙폴의 높이가 달라진다. 중앙폴이 크고 높다면 텐트는 더욱 커지고 많은 사람들이 깃들 수 있음을 보여준다.

둘째는 개인적 능력 Personal Capability으로 개인이 가진 지적, 감성적, 스킬적 능력 들을 말한다. 팀장 스스로의 전문성이나 자기개발력뿐만 아니라, 회사와 연계된 팀 전체의 명확한 비전과 목표설정도 포함된다. 즉, 팀장 개인이 갖고 있는 개별화된 능력을 의미한다.

셋째는 성과 집중력 Focus on results 으로, 조직이 일을 완성해내도록 하는 능력이다. 조직에서 팀장이 안정된 성과를 지속적으로 창출하지 못한다면 탁월한 리더라고 말할 수 없다. 리더십이란 결국 성과와 관련되기 때문이다.

넷째는 대인스킬 Interpersonal Skills 이다. 팀장의 리더십은 의사소통 과정을 통해 표현된다. 팀장의 품성이 표현되는 통로가 되며, 팀장의 역량이 팀원들에게 영향력을 발휘하도록 하는 수단이 된다.

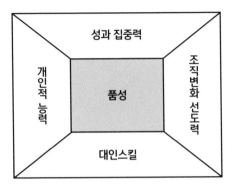

[그림 1-1] 탁월한 팀장의 리더십을 이루는 역량 블록

대인스킬은 리더십의 효과성을 결정하는 가장 중요한 요소다.

다섯째는 조직변화 선도력Leading Organizational Change으로, 이는 조직 내에서 변화와 혁신을 이끌어내는 능력을 말한다. 일반조직에서는 위에서 언급한 네 가지만으로 탁월한 팀장 리더십을 완성할 수 있다. 그러나 광범위하고, 전략적 변화를 추구해야 할 경우에는 이 다섯 번째 역량이 중요하게 작용한다.

역량 블록으로 이루어진 리더십, 한 조직의 리더십 수준은 최고 위치에 있는 사람의 리더십 수준을 넘지 못한다고 한다. 팀으로 보자면, 팀의 리더십 수준은 팀장의 리더십 수준을 넘지 못한다고 할 수 있다. 앞으로 우리는 이 책을 통해서 탁월한 팀장이 되기 위해 갖춰야 할 역량에 대한 이해의 폭을 넓힐 수 있을 것이다.

✏️ 하위직급에서 쌓은 역량이 상위직급에서 성과창출의 발목을 잡는 경우를 '역량의 덫' 이라고 말한다. 당신이 팀장이 되면서 부딪힌, 혹은 부딪히게 될 '역량의 덫' 으로 어떠한 것들이 있는가?

_____

_____

_____

_____

_____

✏️ 탁월한 팀장이 갖춰야 할 다섯 가지 역량으로 품성, 개인적 능력, 성과 집중력, 대인스킬, 조직변화 선도력이 있다. 현재 당신에게 가장 필요한 역량은 무엇인가? 왜 그렇게 생각하는가?

_____

_____

_____

_____

_____

✎ 팀장으로서 밀레니얼 팀원과 공존할 수 있는 노력으로 어떤
것들이 있는지 말해보자.

_____

_____

_____

_____

_____

_____

_____

_____

_____

_____

_____

_____

_____

Chapter.2

폭발력은 팀 전체가 목표를 공유할 때 일어난다

_목표설정

팀의 존재 이유를
명확히 하라

두 탐험대 이야기

1911년 노르웨이의 탐험가 로알 아문센Roald Amundsen은 네 명의 대원과 함께 9월 8일부터 베이스캠프를 차린 후 10월 20일에 남극탐험을 하고자 기지를 출발했다. 에스키모인을 통해 극지 생존법을 연구하고, 순록 가죽을 이중으로 만들어 영하 50도에도 견딜 수 있는 이누이트 털옷을 준비했다. 얼음 위에서 이동이 쉬운 아주 가벼운 썰매와 북극 개들로 팀을 구성하고, 매일 여섯 시간씩만 이동하는 계획을 세워 실행했다. 또한 안전사고를 대비해 미리 철저한 시나리오를 세운 후 탐험을 떠났다. 마침내 계획보다 훨씬 빠른 12월 14일 남극탐험에 성공하고 대원은 전원 무사귀환했다.

한편, 노르웨이의 아문센이 남극탐험을 시작했다는 얘기를 들은 영국은 바로 남극탐험대를 조직했다. 영국의 해군장교 로버트 스콧Robert F. Scott은 여덟 명의 대원을 거느리고, 같은 해 1911년 10월 27일에 남극탐험을 시작했다.

당시 세계 최강대국이었던 영국은 탐험대에 적극적인 지원을 아끼지 않았다. 영국 탐험대는 개썰매 대신 동력썰매와 조랑말을 준비하고 멋진 기능성 방한복을 구비했다.

그러나 동력썰매는 얼마 가지 못해 얼어서 망가졌고 조랑말은 제 역할을 하지 못하고 얼어 죽었다. 그렇게 되자 대원 여덟 명이 100킬로그램이 넘는 물품을 직접 운반했다. 멋들어진 기능성 방한복은 제 역할을 하지 못해 대부분의 대원들이 동상에 걸려 고생하고 10주에 걸친 1,300킬로미터의 험한 행군으로 거의 녹초가 되어 다음해인 1월 18일 남극에 겨우 도착했다. 돌아오는 도중 스콧을 포함한 대원들은 전원 사망했다.

이 두 탐험대의 성공과 실패를 가른 가장 큰 요인은 무엇일까? 가장 중요한 요인 중 하나는 '명확한 목표와 기준의 유무'이다. 아문센은 100일 동안 약 3,000킬로미터를 이동해서 남극점에 도착하는 계획을 세웠다. 또 아문센 탐험대는 탐험대원을 모집할 때부터 '남극 세계 최초 정복'과 '매일 여섯 시간씩의 행군', 이라는 명확한 목표와 기준을 제시했다.

또 남극을 세계 최초로 정복하겠다는 목표가 명확했던 아문센

은 하루 여섯 시간 33킬로미터 행군이 가능한 강한 체력과 의지
가 있는 탐험대원을 찾았다.

실제 아문센 탐험대원들은 날씨가 좋든 나쁘든 정확히 하루 33
킬로미터를 행군한다는 목표를 수행했다.[5] 아문센의 모든 대원들
이 공유한 목표와 기준인 남극 세계 최초 정복과 매일 33킬로미
터의 행군은 아문센이 최초로 남극 탐험을 성공하게 한 중요한 동
인이 되었다.

내 등에 올라탄 원숭이를 정의하라

서양에서는 조직에서 잘 정리되지 못하고, 뭔가 처리해야 할 머
리 아프고 불편한 것을 원숭이라고 정의한다. 우리가 속한 조직
은 정글처럼 복잡하고 시끄럽고 간단하지가 않다. 그 가운데 원
숭이는 이리 뛰고 저리 뛰고 소리 지르며, 더욱 우리를 시끄럽게
하고 귀찮게 하고 난감하게 만든다. 아마도 이런 정신없는 모습
속에서 조직의 정리되지 못한 일거리를 원숭이로 정의한 것이라
생각한다.[6]

5   한철환 외, 《설득하지 말고 납득하게 하라》 (2016), 비즈페이퍼, p.29.
6   Blanchard, K. & William Oncken (1989), The one minute manager meets the monkey,
    New York: William Morrow & Company, Inc, p13~26.

문제는 이 원숭이들이 사람들 등에 올라타 짓누르고 힘들게 하고, 떠들며 시끄럽게 군다는 것이다. 특히 새롭게 팀장 자리를 맡게 될 경우, 뭔가 해내기로 스스로 다짐하지만 그 힘찬 기대와 다짐이 오래 가지 못하는 문제가 생긴다. 정글 속에서 뛰노는 원숭이들이 한 마리, 두 마리, 세 마리… 계속해서 신임 팀장의 등에 올라타기 시작하기 때문이다. 이 원숭이들을 제대로 처리하지 못한다면 팀장은 머지않아 멍청한 팀장, 무능한 팀장으로 전락하거나 아니면 조직에서 튕겨 나갈지도 모른다.

팀장의 가장 중요한 업무 중 하나는 원숭이 관리이다. 가장 먼저 원숭이를 정확히 정의해야 한다. 즉, 이것은 업무의 정의, 과업 범위를 정확히 하라는 것이다. 우리 팀이 맡은 업무는 무엇이고 과업의 범위는 어디에서 어디까지인지 명확히 해야 한다. 우리 팀이 맡아 키울 원숭이들이 어떤 놈들인지 정확히 살펴보아야 한다.

목표와 목적을
구분하라

목적에 따라 구체적인 목표를 설정하라

팀원들은 종종 우리 팀이 어디로 가고 있는지 모르는 경우가 많다. 하지만 팀장은 팀이 어디로 가고 있는지, 목표는 무엇인지 정확히 알고 이를 팀원들에게 명확히 알려줘야 한다.

목표는 어떤 목적을 이루려고 지향하는 실제적 대상이며, 기간과 수준의 개념을 포함한다. 즉, 일정기간 내에 도달 또는 달성해야 할 바람직한 수준으로 정의할 수 있다. 목적을 달성하기 위해 구체적으로 해야 할 것들을 의미하기도 한다.

한편, 목적은 실현하려고 하는 일이나 나아가는 방향을 말하며, 일의 본질이자 출발점으로 조직이나 개인의 존재 이유를 말한다. 왜 하고자 하는가? 그 이유가 바로 목적이 된다. 목적은 가치지향점이며 방향의 근본점을 의미한다면, 목표는 구체적이고 계량화된 설정치를 의미한다고 할 수 있다.

최근의 조직은 목표관리제도MBO; Management by Objectives를 도입하고 있다. 회사가 일정기간 동안 사원에게 사전에 목표를 설정하게 하고 그 목표를 달성하게 하여 실적을 평가한 후, 평가결과를 조직 및 개인의 보상에 활용하는 관리제도이다.

팀원의 몰입을 이끌어내는 목표설정법

여기에서 한 가지 더 생각해보자.

[그림 2-1] 조직의 연구와 개인의 요구 통합

	개인의 요구 (낮음 → 높음)	
높음	개인의 요구를 높여서 이상적인 목표에 접근시키는 것이 바람직함.	조직의 요구가 높으며, 개인의 요구도 높은 가장 이상적인 목표가 됨.
조직의 요구	**A. 강압적인 목표**	**B. 이상적인 목표**
	C. 존재하기 어려운 목표	**D. 개인적인 목표**
낮음	조직에서는 현실적으로 존재하기 어려운 목표.	조직 목표라기보다는 개인적인 자기계발에 해당됨.

목표설정은 [그림2-1]에서 보는 것과 같이 조직의 요구와 개인의 요구의 매트릭스로 정리해볼 수 있다. 일반적으로 팀원들은 개인의 요구가 높은, 그러나 조직의 요구가 높지 않은 목표를 설정하길 기대한다. 자기계발과 같은 것이 대표적이다. 그러나 팀이 성과를 내기 위해서는 개인의 요구도 높고 조직의 요구도 높은 목표를 설정하는 것이 바람직하다. 결국 팀원들이 팀의 요구를 개인의 요구와 일치하는 노력이 필요하며, 이는 팀장의 중요한 역할이 된다.

이와 관련하여 주목할 만한 연구결과가 있다.

[그림 2-2] 조직 가치와 개인 가치에 의한 몰입관계

	개인가치관의 명확성	
조직 가치관의 명확성 높음	가치는 명확하지만, 개인의 가치가 명확하지 않을 때 4.87	조직의 가치와 개인의 가치 모두 명확할 때 6.26
낮음	조직의 가치와 개인의 가치가 모두 불확실할 때 4.90	조직의 가치가 명확하지 않지만, 개인의 가치가 명확할 때 6.12

Kouzes & Posner (2012), p.56. 재구성

제임스 쿠제스James M. Kouzes와 베리 포스너Barry Z. Posner의 연구에 의

하면, 개인의 가치와 조직의 가치가 같은 맥락에 있을 때 개인은 일에 몰입하고 성과를 낸다고 한다. 회사의 목표, 부문의 목표, 팀의 목표, 개인의 목표가 한 선상에 있어야 한다는 뜻으로, 일치된 목표Aligned Objectives를 의미한다. 그럴 경우 조직은 한 방향을 바라보고 힘차게 노를 저어 목표한 지점에 도달할 수 있다.

목표는 팀원이
쉽게 이해할 수 있어야 한다

목표설정 도구: SMART 원칙

목표는 명확해야 한다. 팀원들이 쉽게 이해할 수 있어야 한다는 말이다. 목표는 일반적으로 SMART 원칙을 따르는 것이 좋다.

S Specific: 구체적으로
M Measurable: 측정 가능하도록
A Attainable: 달성 가능하도록(목표가 너무 멀리 있지 않도록)
R Result oriented: 결과중심 사고로
T Time bounded: 제한된 시간개념으로

SMART 원칙은 한마디로 '명확하게' 작성함을 의미한다. 목표가 명확해야 팀원들과 공유하기 쉽다. 목표가 애매하면 팀 구성원들과 공유하는 일이 어렵다. 각 팀원들마다 생각하는 것이 다를 가능성이 높기 때문이다. 팀 성과는 팀 전체가 만들어낸다. 각각의 팀원들이 합쳐져 팀이라는 하나의 조직이 되어 성과를 만들어내기 때문이다. 그렇기에 팀원들 개개인이 팀의 목표를 나의 것으로 공유하는 것이 중요하다. 단지 팀의 목표로, 팀장의 목표로 끝나서는 결코 좋은 결과를 만들어낼 수 없다.

최근 대한민국 아이스하키 국가대표팀의 새 역사를 쓴 백지선 감독의 리더십은 주목할 만하다. 그는 NHL 슈퍼스타 출신으로 2014년 한국 아이스하키 국가대표팀의 감독으로 부임했다. 그는 목표를 명확히 했다.

"우리 모두 함께 대한민국 아이스하키의 새 역사를 쓰자."

그의 목표는 간단했지만 강렬했다. 매번 지기만 하고 패배의식에 가득 찼던 팀에게 명료하고 강한 메시지를 보냈다. 팀원들에게 자기의 비전과 생각을 끊임없이 이야기하고 공유했으며, 팀원들과 함께 뒹굴고 부딪히며 그의 목표가 팀의 목표가 되도록 했다. 그는 매번 경기를 앞두고 철저히 상대팀을 분석하고, 전략을 제시하고, 아웃풋을 기대하게 했다. 그리고 그들의 경기를 전력분석관을 통해 철저히 분석하고 측정하여 개인별로 구체적인 피드백을 제시했다.

결과는 놀라웠다. 2015년 세계선수권(3부 리그) 우승, 2016년 세계선수권(2부 리그) 사상 첫 일본격파, 2017년 한국역사상 89년 만에 세계 1부 리그로 승격했다. 비록 2018 평창올림픽에서 사상 첫 우승을 만들지는 못했지만 세계 최강팀들 중 하나인 핀란드와 거의 동등한 경기를 치르며 감동의 드라마를 만들어냈다.

아이스하키에서 제대로 슛 한번 날리지 못했던 국가대표팀이 아시아 최강의 자리에 오르고 세계 최강팀들과도 비등한 경기를 치르는 막강한 팀이 된 것이다.

장기목표는 크게, 단기목표는 잘게

목표를 설정하는 것은 팀에게 여러 유익을 준다. 첫째, 달성해야 할 것에 대한 분명한 인식을 통해 달성의욕을 높인다. 둘째, 목표에 근거하여 업무를 합리적으로 계획할 수 있다. 셋째, 업무과정을 효과적으로 관리할 수 있다. 넷째, 결과에 대해 합리적으로 평가할 수 있다. 다섯째, 달성한 후 성취감을 느낄 수 있다.

여기서 질문 하나 하고자 한다. 목표는 잘게 쪼개서 설정하는 것이 유리할까? 큰 목표를 설정하는 것이 유리할까? 갑론을박이 있을 수 있지만, 두 가지 중에 하나만을 추천하라면 목표는 잘게 쪼개는 것이 더 유용하다. 하지만 가장 좋은 방법은 장기목표는 크게 설정하고, 단기목표는 잘게 쪼개는 것이다.

1986년 이탈리아 국제초청 마라톤 대회에서 우승한 일본 마라톤 선수 야마다 혼이치의 인터뷰[7]는 인상적이다. 그는 우승하기 전까지 무명에 가까운 마라톤 선수였다.

나는 매번 시합을 앞두고 차를 타고 마라톤 코스를 둘러보곤 했다. 이때 나는 코스마다 눈길을 끄는 목표물을 정해두었다. 예를 들어 첫 번째 목표는 은행 건물, 두 번째는 큰 나무, 세 번째는 붉은 집 등 나만의 표식을 만들었다.

이렇게 풀코스에 걸쳐 곳곳에 나름대로 목표물을 설정해두었다. 그리고 경기가 시작되면 100미터를 달리는 스피드로 첫 번째 목표지점을 향해 돌진했다. 첫 번째 목표지점에 도착한 다음엔 같은 속도로 두 번째 목표지점을 향해 달렸다.

이런 식으로 40킬로미터가 넘는 풀코스를 작은 코스로 나누어 훨씬 수월하게 달릴 수 있었다. 처음에는 멋모르고 40킬로미터나 떨어진 결승선 테이프를 목표로 삼고 달렸다. 그랬더니 겨우 몇 킬로미터 달리고 지쳐버려 더 이상 뛸 수가 없었다. 결승선까지 아직도 멀었다는 생각에 초반부터 겁을 먹었기 때문이다.

---

7 곽숙철(2011), 《헬로 멘토》(재인용).

이를 목표 나누기chunking라고 한다. 목표 나누기는 정보를 의미 있는 묶음으로 만든 것을 말한다. 1956년 조지 밀러George A. Miller라는 심리학자는 단기기억은 정보 처리에 한계가 있기 때문에, 효율적으로 인간의 뇌가 단기기억을 사용하기 위해서 5~9개 사이의 의미덩이Chunk들로 만들어 기억하면 편리하다는 내용의 연구를 발표했다. 예를 들어 전화번호를 보거나 외울 때 1234567890 대신 12-3456-7890과 같이 하이픈을 사용하여 끊어서 읽어주면 훨씬 효율적이다. 즉, 전체의 큰 내용을 기억하기 쉬운 정도로 유목화하여 나누는 것이다.

목표가 너무 크면 인간의 뇌가 그 목표를 인식의 저 멀리에 둘 가능성이 많기에 단기기억이 가능할 수준으로 잘게 쪼개어 설정한다면 목표를 보다 쉽게 달성한다는 의미이다.

목표를 눈으로 확인하게 하라

아울러 목표는 눈에 보이도록 해두는 것이 좋다. 즉, 가까이에서 눈으로 확인할 수 있다면 그 목표에 대한 공유 의식은 더욱 커질 것이다.

일명, '점수판'을 보여주라. 탁월한 팀장은 매순간 자신의 팀이 이기고 있는지, 지고 있는지를 알려줘야 한다. 제대로 된 점수판은 팀원들에게 지금 어느 위치에 있고, 어디로 가고 있는지를 알려준다. 점수판은 다양한 형태로 적용될 수 있다. 업종이 세일즈라면 매주, 매달 실적 그래프로 점수판을 적용할 수 있다. 업종이 서비스라면 고객만족 지수의 변동사항이 점수판이 될 수 있다. 특히 주의할 것은 팀장만 이해할 수 있는 언어나 내용으로 점수판을 만들면 안 된다는 것이다. 그것은 팀장의 점수판일 뿐이다. 점수판이 참여와 동기부여의 실제적 도구가 되려면 선수인 팀원들이 이해하고 공유한 언어로 작성되고 표현되어야 한다.

우리는 야구게임을 즐긴다. 선수들의 열정과 몰입은 상상 이상이다. 왜 그런가? 전광판에 표시되는 상대팀과의 점수가 그들에게 열정과 몰입을 불어넣기 때문이다. 그리고 내가 타석에 있다면, 투 스트라이크와 원 볼인지, 원 스트라이크와 쓰리 볼인지를 스스로 확인해 전략을 구사하고 승부를 던지게 된다. 이게 바로 점수판의 의미이며 효과이다.

이처럼 목표를 쉽고 간단하게 확인할 수 있도록 해주는 것이 중요하다.

명확한 목표가
팀원을 몰입하게 한다

팀장이 알아야 할 몰입의 3가지 조건

팀장이 가지는 수많은 고민 중 또 중요한 한 가지는 팀원들을 일에 몰입시키는 방법이다.

몰입은 어떻게 정의되는가? '몰입'은 삶이 고조되는 순간에 물 흐르듯 행동이 자연스럽게 이뤄지는 느낌을 말한다. 미하이 칙센트미하이 Mihaly Csikszentmihalyi 는 이를 'FLOW'라고 표현했다. 이것은 운동선수가 말하는 '몰아의 상태 Being in the Zone', 신비주의자가 말하는 '무아경 Ecstasy', 화가와 음악가가 말하는 '미적 황홀경 Aesthetic

Rapture'과 비슷한 경험이다.

몰입은 조직구성원들이 일의 성과를 내고, 자신을 행복에 이르게 하는 매우 중요한 경험이 된다. 그렇다면 어떻게 하면 보다 몰입하게 할 수 있을까? 칙센트미하이는 다음 세 가지 요소를 몰입의 조건으로 말한다.[8]

첫째, 명확한 목표가 존재해야 한다. 위에서도 언급했지만, 명확하고 명료한 목표는 팀원들을 몰입하게 한다. 적절한 대응을 요구하는 일련의 명확한 목표가 앞에 있을 때 몰입은 더욱 쉬워진다. 바둑, 장기, 카드, 테니스 같은 게임을 할 때 보다 몰입하기 쉬운 이유는 목표와 규칙이 명확하기에 무엇을 어떻게 할지 의문 없이 바로 행동할 수 있기 때문이다. 게임이 진행되는 동안 참여자는 모든 것이 명확하다.

종교적 의식을 수행하거나 음악을 연주하거나 뜨개질을 하거나 컴퓨터 프로그램을 만들거나 산을 오르거나 수술을 할 때도 게임할 때와 마찬가지로 명확한 목표가 제시된다. 그럴 때 우리는 몰입에 보다 쉽게 이르게 된다. 목표는 몰입의 대상이다. 내가 이르고자 하는 곳, 달성하고자 하는 것들이 없다면 당연 몰입은 이뤄지지 않는다. 목표가 명확하고 구체적이고, 규칙이나 약속이 명

---

8   Mihaly Csikszentmihalyi(1997), Finding Flow, N.Y.: Basic Books, p17~34.

확할 때, 이해하기 쉬울 때, 그리고 그 목표에 동의했을 때, 우리는 몰입에 보다 쉽게 이를 수 있다.

둘째, 자기 스스로 확인할 수 있는 피드백이 있어야 한다. 팀원으로 하여금 몰입에 보다 쉽게 이르게 하기 위해서는 빠른 피드백이 있어야 한다. 몰입은 개인이 얼마나 잘하고 있는지를 명확히 알려준다. 우리는 장기를 두면서 말 하나를 움직일 때마다 게임의 위치가 유리해졌는지 불리해졌는지를 안다. 산을 오를 때 걸음을 한보 내디딜 때마다 그만큼 높이 올라섰다는 것을 안다. 뜨개질 하는 사람은 자기가 깁는 줄이 자기가 의도한 태피스트리 패턴과 맞는지를 바로 확인할 수 있다. 외과의사는 자기의 수술용 칼이 중요한 동맥을 잘 피했는지, 아니면 갑자기 피가 쏟는지를 볼 수 있다.

즉, 우리는 피드백이 바로 따라오고 자신의 성장을 확인할 수 있을 때 몰입할 수 있다. 내가 지금 어떻게 가고 있는지, 일을 잘하고 있는지, 내 방법이 옳은지 등등, 피드백을 통해 내가 어떤 위치에 있는지를 명확하고 즉각적으로 알 수 있을 때 몰입은 극대화된다. 특히 내가 성장하고 있음을 확인할 수 있고, 그 피드백을 통해 나의 움직임이 이어진다고 확신할 때 몰입은 더욱 강해진다.

셋째, 적절한 목표와 균형된 실력이 있어야 한다. 목표가 너무 높으면 사람은 당황하고 걱정하며, 심지어 불안해한다. 실력에 비해 목표가 너무 낮으면 이완되고 지루해진다. 또 목표와 실력이 모두 낮으면 무관심하고 냉담해진다. 그러나 높은 목표가 높은 실력과 결합하면 평범한 삶에서는 일어나기 힘든 몰입의 상태에 깊게 빠지게 된다.

　가수라면 자신의 발성의 전 영역대를 요구하는 노래를 부를 때, 뜨개질 하는 사람이라면 이전의 어떤 시도보다 어려운 자수를 디자인할 때, 외과의사라면 새로운 기법의 수술을 할 때, 몰입을 경험한다.

[그림 2-3] 목표와 실력과의 관계

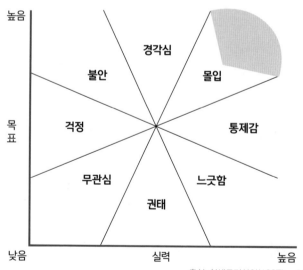

출처: 칙센트미하이(1997), p.31 재구성.

목표와 실력이 뒷받침 돼야 몰입할 수 있다

[그림 2-3]을 통해 몇 가지 예를 들어보자.

어떤 사람이 '경각심' 상태에 있다고 가정하자. 경각심 상태에 놓인 사람은 정신을 집중하고 활동적이며 과제에 관여되어 있다. 그러나 강하지 않고, 즐겁지 않고, 통제되어 있지 않다. 실력은 중간 정도로 목표 해결을 통한 몰입을 기대하기 어렵다. 단지 목표가 어렵기에 경각심이 생긴다.

그렇다면 어떻게 해야 보다 즐거운 몰입 상태로 들어갈 수 있을까? 명확한 답변은 새로운 실력을 학습하는 것, 실력을 증진시키는 것이다. 즉, 경각심(목표는 높고, 실력은 중간)을 몰입으로 이끄는 길은 실력을 중간에서 높음으로 움직이는 것이다.

이번에는 '통제감' 상태에 있다고 가정하자. 이 상태에서는 행복감을 느끼고, 건강하고, 만족스러움을 느낀다. 그러나 이 단계에서도 집중감, 관여도, 자존감이 떨어지는 경향이 있다. 그럼 어떻게 해야 몰입 상태에 들어갈 수 있는가? 그에 대한 적절한 답변은 목표와 실력을 상향조정하는 것이다. 목표와 실력을 높인다는 것은 학습과 연관된다.

정리하면 목표와 실력의 수준을 높여야 한다. 경각심이 몰입에 이르게 하기 위해서는 실력을 키워야 한다. 통제감이 몰입에 이르게 하기 위해서는 목표의 수준을 높여야 한다. 무엇을 말하는가?

모두 학습을 통해 수준을 높여야 하는 상태다. 그 밖의 상태에서 몰입으로 넘어가기는 훨씬 어렵다. 만약 누군가가 불안이나 걱정 상태에 있다면 몰입의 상태로 움직이는 걸음이 너무 멀어 보인다. 이런 상태에서는 지금 놓인 상황을 극복하기보다는 지금보다 덜 도전적인 상태로 뒷걸음질 하기가 쉽다. 즉, 무관심의 상태로 이동할 가능성이 많다.

그러므로 몰입에 대한 경험은 학습으로 이끄는 자석과 같은 역할을 한다. 즉, 새로운 수준의 목표와 실력으로 올라가게 만든다. 자기가 하는 일을 즐기면서도 꾸준한 성장의 길을 걷는 것이 몰입의 모습이고, 이 몰입이 사람들을 행복하고 의미 있는 삶을 살도록 만든다.

탁월한 팀장이 되기 위해서는 팀원을 몰입에 이르게 하도록 도와주어야 한다. 그것이 팀과 팀원 모두 행복해지는 최적의 답이다.

✎ 조직이 올해 당신의 팀에 요구하는 성과목표를 한 문장으로
표현해보라.

_____

_____

_____

_____

_____

_____

✎ 팀장은 팀의 목표를 팀원들과 공유하는 일이 매우 중요하다.
당신은 팀의 목표를 팀원들과 함께 공유하기 위해 어떤 일을 하고
있는가?

_____

_____

_____

_____

_____

_____

✏️ 팀원들을 몰입시킬 수 있는 세 가지 방법은 무엇인지 설명하고, 현재 당신이 맡은 팀에서 팀원들을 몰입시키기 위해 가장 우선해야 할 것은 무엇인지 설명해보라.

_____

_____

_____

_____

_____

_____

_____

_____

_____

_____

_____

_____

_____

_____

_____

_____

성공적인 팀을 만드는
기본지식 테스트

1. 팀에 대한 설명인 아래 문장의 빈 칸에 적당하지 않은 말은?

> "팀은 ＿＿＿＿＿＿ 을 가진 소수의 사람들이다."

① 공통목적에 관계된 유사 또는 상호보완적인 기술

② 다양한 지식과 전문기술 및 관점

③ 공통 수행목표

④ 스스로 책임지는 접근방식

2. 팀은 매우 많은 권한을 갖고 있다. 다음 중 전적으로 팀 권한 범위에 속하지 않는 것은?

① 예산 범위 내 자원 결정

② 프로젝트에 대한 접근방식의 설계

③ 팀의 계속적인 진행에 대한 평가

④ 팀의 일정 또는 성과물에서의 변화

3. 실패한 팀의 두 가지 주요 원인은?

① 일을 끝내기에 부적절한 자원과 부적절한 보상체계

② 과제에 국한된 팀의 초점과 내부관계의 무시

③ 부족한 경영지원과 취약한 리더십

④ 무책임한 팀원과 팀 프로세스를 받아들이지 않는 팀원

4. 팀 프로젝트가 복잡하고 특정기술을 요구할 때 팀의 최적 규모는?

① 5~9명의 소규모 팀

② 12~15명의 중간규모 팀으로, 요구되는 모든 기술이 존재할 것

③ 최대 25명

5. 팀 결정을 내리기 위해 빈번하게 사용되는 의사결정 방식은 '다수결', '합의', '소집단 의사결정', '의견에 따라 리더가 결정'하는 네 가지 방식이 있다. 팀의 헌신적 참여를 구축하는 데 어느 방법이 가장 효과적인가?

① 다수결, 합의

② 합의

③ 소집단 의사결정, 다수결

④ 의견에 따라 리더가 결정

6. 다음 문장을 정확하게 완성하는 것은?

"리더는 _____ 와 같다."

① 코치: 최고의 수행을 촉진하기 위해 팀원을 지원한다.

② 전통적 관리자: 팀 프로젝트를 시간과 예산에 맞춰 완료하도록 하는 데 집중한다.

③ 쿼터백: 당신이 책임자이지만 팀이 당신과 함께 일하도록 할 필요가 있다.

7. 프로젝트 초기에 당신은 팀 내에서 파벌이 형성되고 있음을 알아차렸다. 그래서 파벌의 구성원들을 재배정하여 다른 구성원들과 긴밀하게 함께 일하도록 노력하고 있다. 이것은 좋은 태도인가?

① 아니다.

② 관계없다.

③ 그렇다.

8. 문제를 일으키는 팀원을 팀에서 제외시키고자 할 때, 팀장은 먼저 회사의 최종 의사결정 전까지는 그를 팀에 남도록 하는 것을 고려해야 하는가?

① 아니다. 그것은 결코 적합하지 않다.

② 그렇다. 그와 쟁점을 해결하기 위해 먼저 노력한다.

③ 그렇다. 추천할 첫 번째 조치는 쟁점을 팀에 제기하는 것이다.

9. **당신의 팀은 프로젝트 수행 도중 교착상태에 빠졌다. 팀을 교착상태에서 벗어나도록 하는 일은 당신의 책임이다. 팀이 정상궤도로 돌아오도록 지원하는 데 실행 가능한 선택이 아닌 것은?**

① 팀 토의를 주도하여 팀의 목적, 접근방식 및 목표를 재검토한다. 의견 차이를 찾아내고 이를 해결한다.

② 당면한 공통목표를 세우고 이를 달성한다.

③ 상황을 탐색하고 다른 상황과 비교하기 위해 조직 내에서부터 새로운 정보와 서로 다른 관점들을 도입한다.

④ 팀원 일부를 교체한다.

10. **전통적인 수행평가는 결과 또는 성과지향적인 경우가 많다. 최근의 팀 수행을 평가할 때 전통적인 수행평가와 주요 차이는 무엇인가**

① 개인 각각이 아닌 전체 집단을 수행 측면에서 평가한다.

② 결과뿐만 아니라 팀이 협력한 방식을 평가한다.

③ 성과 또는 결과뿐만 아니라, 팀 리더인 당신을 평가한다.

[정답]
1.① 2.④ 3.③ 4.① 5.① 6.① 7.③ 8.② 9.④ 10.②

출처: 하버드 비즈니스 프레스(2008), p.106~109 일부 재구성.

Chapter.3

팀에 가장 큰 피해를 주는 팀장은 혼자만 일 잘하는 팀장이다

_권한위임

팀장은 팀원보다
일을 더 잘하면 안 된다

매일 나 홀로 야근, 장 팀장

해외사업팀의 장 팀장은 항상 바쁘다. 아침에 일찍 출근해서 저녁 늦은 시간까지

딴청 한번 부리지 않고 업무에 집중한다. 엄청 바쁘고 일을 많이 한다고 스스로

생색도 많이 낸다.

"와, 일이 많아 죽겠어. 오늘도 야근이야."

그런데 항상 야근은 장 팀장 혼자만 한다.

해외사업팀의 주요업무는 해외 거래처를 통해 매출을 올리는 일인데, 매출의 큰

비중을 차지하는 중요한 거래처를 팀원들에게 업무배분을 하지 않고 장 팀장이

도맡아서 했다. 그 결과 장 팀장의 매출이 팀의 매출의 90퍼센트 이상을 차지했다. 팀장 혼자서 일하니 개인의 성과는 좋을지 모르나, 팀 전체의 성과가 제대로 나올 리 없었다. 결국 그 팀은 매년 성장이 축소되어, 얼마 안 되어 다른 팀에 합병되고 말았다.

장 팀장이 열심히 일한다고 생각할 수 있지만, 효율적으로 일한다고 볼 수는 없다. 장 팀장은 팀을 이끄는 작은 CEO임에도 불구하고 팀 전체의 성과를 만들어내지 못했다. 팀장 혼자만 정신없이 바쁘고 팀원들은 일다운 일을 맡지 못해 성장할 기회를 갖지 못하는 상황이 되었다.

팀장이 일을 분배하지 못하는 이유는 많다. 맡은 업무가 너무 중요해서 팀원들에게는 못 맡길 수도, 또는 본인의 성과 욕심 때문에 못 맡길 수도 있다. 하지만 분명한 것은 팀장은 더 멀리 봐야 한다는 것이다. 장 팀장은 업무를 배분했어야 하고, 본인은 보다 전략적인 과제에 집중했어야 한다.

원숭이를 팀원들에게 나눠줘라

탁월한 팀장은 원숭이를 정의했다면, 즉, 업무를 정의하고 과업의 범위를 정확히 했다면, 원숭이들을 누가 어떻게 관리하고 키울 것인지를 결정해야 한다.

　팀원들이 원숭이를 계속 팀장에게 떠맡기고 있다면 팀장이 팀원을 관리하는 것이 아니라, 원숭이를 떠맡고 있는 팀장이 팀원들의 관리 속에 들어가게 된다.

　"팀장님! 제가 지난번 부탁드린 거 지금도 안 되었나요? 그게 결정되어야 다음 일을 할 수 있는데……."

　팀장은 이렇게 말한다.

　"아, 그렇구나! 내가 그 일을 처리해줘야 하지. 아참, 내가 정신이 없네. 그런데 지금은 당장 어렵고, 주말에나 마무리해줄 수 있을 것 같아. 자네 다른 일부터 먼저 하고 있어……."

　이런 식의 대화가 시작되면 이는 정확히 원숭이가 팀장의 등으로 옮겨 붙은 것이다. 게다가 팀장의 등짝을 강하게 억누르고 있다. 팀장은 결코 원숭이를 직접 관리해서는 안 된다. 팀원들에게 원숭이를 정확히 맡겨야 한다. 팀장은 원숭이를 키우는 사람들을 관리해야 한다. 사람들에게 책임감을 키워주려면 책임을 지우게 해야 한다는 오래된 격언을 잊어서는 안 된다.

팀원에게 일을 맡겨야 하는 진짜 이유

제로섬에서 포지티브 섬으로

권한위임은 사실 생소한 단어이다. 원어로 'empowerment'로 우리말로는 권한위임이라고 번역할 수 있는데, 이 단어가 생소한 번역자들은 원어 그대로 '임파워먼트'라고 쓰기도 한다.

　권한위임은 '직원들의 잠재된 지식과 경험, 동기를 이끌어내 조직이 바람직한 결과를 이루는 데 힘을 집중시키는 과정'이라고 정의할 수 있다. 일반적으로 대부분의 팀장들은 권한위임을 '팀원들에게 의사결정권을 넘겨주는 것'이라고 정의해왔다. 하지만 그렇게 정의된다면 팀장이 곧 지배자라고 여기기 쉽고, 권한의 확장이 아닌 분배로 생각하기 쉬우며, 그럴 경우 진정한 권한위임이 이뤄지기 어렵다.

권한위임이란 권한의 분배가 아닌, 권한의 확장으로 이해해야 한다. 따라서 팀장이 자신의 권한을 팀원에게 위임했다고 해서 자신의 권한이 축소(분배)되고 팀원에게 새로운 권한이 생기는 것이 아니다. 권한위임은 팀장이 권한을 주고, 팀원이 권한을 받는 제로섬zero-sum이 아니다. 권한위임을 하면 할수록 조직 구성원 간의 협력과 권한이 확장되는 포지티브섬Positive-Sum이다. 그와 관련하여 케네스 머렐Ken Murrell과 미미 메레디스Mimi Meredith는《권한위임의 기술Management Power Program》에서 다음 세 가지 견해를 제시했다.

첫 번째 견해는 〈-1+1=0〉이라는 분배(상실/획득)의 개념이다. 이 견해는 권한을 '주어지는 것'이라고 본다. 즉 권한을 위임하게 되면 권한을 주는 사람의 권한이 상실되고 권한을 위임받는 사람이 권한을 획득하게 되어 합이 제로가 되는 것이다. 이러한 관점은 권한은 한정되어 있으며 누군가에게 주지 않으면 잃을 수도 있다는 것을 함축한다.

두 번째 견해는 〈+1+1=2〉라는 창조(획득/획득)의 개념이다. 이 견해는 권한은 '만들어지는 것'이라고 본다. 둘 이상의 사람들이 서로 정보, 권위, 책임 등을 교류하고 나눌 때 권한은 창조된다. 즉 값은 합산된다고 본다.

세 번째 견해는 〈+1+1=무한대〉라는 창조적 분배(획득/획득/공유)의 개념이다. 이 견해는 권한은 무한대라고 본다. 사람들이 상호영향을 주고받을 때 권한은 스스로 성장해 권한은 무한대로 커진다고 보는 것이다. 매우 이상적인 개념이다.

권한위임에 대한 오해

팀원들 역시 권한위임을 잘못 이해하기 쉽다. 그들 중 상당수는 자신이 권한을 부여 받으면 제멋대로 행동해도 되고 모든 중요한 결정을 혼자 내릴 수 있다고 착각한다. 그들은 종종 자유의 대가는 위험과 책임이 동반된다는 것을 인식하지 못한다.

권한위임 문화는 계층적 문화보다 팀원들의 책임의식을 더욱 수반한다. 그럼에도 불구하고 책임의 증가는 오히려 팀원들에게 깊은 소속감과 충족감을 갖게 한다. 권한위임을 통해 주어지는 기회와 위험은 팀원과 팀장 모두에게 새로운 활력을 불어넣어준다.

탁월한 팀장은 원칙에 근거해 주어진 권한을 팀원들에게 부여함으로써 팀원들에게 선택의 자유와 개인적 책임을 동시에 갖게 한다. 팀이 고성과를 낸다면 그것은 직무기술서에 기록된 업무 내용을 훨씬 뛰어 넘어 일한 팀원들 덕택이다. 팀장이 업무와 업무방식 등을 팀원들 스스로 선택할 수 있도록 자유와 권한을 주었기에 가능한 결과다.

팀장이 권한을 위임한 가운데 팀원 스스로 업무방법이나 접근 방식을 선택할 자유가 있을 때, 팀원은 조직에 대한 자부심과 함께 탁월한 업무성과를 만들어낸다. 팀의 효율성과 효과성을 확보하는 유일한 방법은 팀원들에게 그들이 가진 지식과 기술을 활용하여 스스로 최선의 판단을 내릴 기회와 자유를 부여하는 것이다.

쿠제스와 포스너의 연구에서도 구성원들이 자유와 선택권이라는 권한위임을 부여받을 때, 자기 조직에 대한 자부심을 크게 갖는 것을 확인할 수 있다.

이런 권한위임의 놀라운 힘에도 불구하고, 종종 팀장들은 권한위임이 어렵다고 호소한다. 여러 이유가 있겠지만, 가장 큰 이유 중 하나는 불신 때문이다. 권한을 받은 팀원이 과연 그 일을 잘 해낼 수 있을까 하는 못미더움을 갖는 것이다. 그런 불신을 갖는 팀장에게 더글러스 맥그리거Douglas McGregor가 주장한 Y이론 인간관을 들여다보라고 권하고 싶다.(7장에 참고)

Y이론은 전통적 인간관인 X이론과 달리, 인간은 스스로 몰입된 목표의 수행에 있어서 자율과 자기통제를 할 줄 아는 존재이며, 자

아실현을 위해 상황과 여건만 조성되면 스스로 창의적으로 업무를 수행할 수 있는 능력과 의욕을 갖고 있는 존재라고 주장한다.

팀장은 팀원을 신뢰해야 한다. 권한위임은 신뢰의 기반 위에서 제대로 작동된다.

일을 잘 맡기기 위해 팀장이 해야 할 일 3가지

계층문화 vs 권한위임 문화

권한위임 하는 과정은 결코 쉽지 않다. 켄 블랜차드Ken Blanchrad는 《Leading at a higher level》에서 권한위임을 하나의 기업(또는 조직)문화로 이해한다. HRD 용어사전은 기업문화에 대해 다음과 같이 정의하고 있다.

조직구성원의 행동을 형성하고, 의사결정 등 조직 내에서 사람들 간의 관계에 영향을 주는 조직을 둘러싸고 있는 분위기나 환경으로, 주로 경영자의 행동이나 가치에 의해 강하게 영향을 받는다. 기업 내에 존재하는 전통, 관습을 의미하는 것으로 주로 핵심가치로 대표되기도 하며, 기업 경쟁력의 중요한 요소로 인식되어 기업 경영의 효과성을 측정할 때 기업의 문화가 중요시된다

권한위임 문화의 반대개념은 계층문화라고 정의한다. 아래 계층문화와 권한위임 문화에 관련된 단어들을 함께 살펴보자.

[그림 3-1] 계층문화 vs 권한위임 문화

계층문화(Hierarchical culture)	권한위임 문화(Empowerment Culture)
계획수립	비전수립
지시와 통제	성과지향 파트너십
감독	자가감독
개인주의	팀의 책임
피라미드 구조	복합기능 구조
관리자	코치/팀리더
경영진의 참여	자발적으로 움직이는 팀
시키는 대로 하라	주인이 되라
순종	좋은 판단

출처: 블랜차드(2019), p.40 재구성.

팀장은 권한위임 문화를 정착시키려면 다음의 세 가지를 잘 이용해야 한다.

팀원들과 정보를 공유하라

첫째, 팀원들과 정보를 공유해야 한다.

권한위임을 위해서는 조직 내 신뢰감과 책임감이 필수이다. 팀원들 사이에 신뢰감과 책임감을 만드는 가장 좋은 방법들 중 하나는 정보를 공유하는 것이다. 팀원들에게 그들이 필요로 하는 정보를 제공하는 것은 업무에서 훨씬 좋은 결정을 내릴 수 있도록 해준다.

정보를 공유한다는 것은 특권처럼 여겨졌던 정보, 예를 들어, 미래사업 계획과 전략, 재무자료, 산업이슈나 문제 등과 같은 예민하고 중요한 주제들을 공개한다는 의미이다. 팀원들에게 좀 더 완벽에 가까운 정보를 제공하는 것은 신뢰를 높이고 우리는 하나라는 공동체 의식을 전달하는 일이다. 정보공유를 통해 회사의 전체 모습을 그릴 수 있게 되면, 팀원들은 자신의 노력이 조직 안에서 어떻게 발현되는지, 자신의 행동이 회사나 팀내에 어떤 영향을 미치는지를 더욱 잘 이해하게 된다.

팀원들에게 회사나 팀의 중요한 정보를 공유하면 그들은 오너십을 갖기 시작한다. 그들은 문제를 주도적이며 창의적으로 해결하고자 한다. 반대로 팀장이 중요한 정보를 공유하는 데 주저한다면, 성공적이고 권한위임된 조직을 경영하는 데 있어서 책임과 신뢰 기반의 파트너인 팀원들을 결코 갖지 못할 것이다.

관할영역을 통해 자율성을 창조하라

둘째, 관할영역을 통해 자율성을 창조해야 한다.

계층문화에서 관할영역이라는 것은 마치 철조망과 같다. 팀원들을 그 안에 가두고 절대 나올 수 없도록 통제하기 위한 것처럼 느껴진다. 그러나 권한위임 문화 속에서 관할영역은 고무로 만들어진 띠와 같아서 팀원들이 성장하고 발전해나감에 따라 더 많은 책임을 맡을 수 있도록 확장된다. 이와 같은 견해는 머렐과 메레디스가 말한 창조적 분배의 견해와 일치한다.

권한을 위임하게 되면, 권한을 위임받는 이에게 나의 권한을 뺏기는 것이 아니다. 즉 전체의 합은 일정하기에 내가 권한을 나누면 나의 권한은 축소된다는 제로섬의 개념이 아니라는 것이다. 오히려 권한을 위임하면, 팀원의 권한은 더 다양한 방법과 모습으로 적용되기에 전체의 합은 확대, 성장하는 모습이 된다.

권한위임 문화에서 관할영역은 계층문화에서의 제한적인 관할영역과는 다르게 어디까지 자율성을 갖고, 어디까지 책임감을 가질 수 있는지를 알려준다. 그리고 관할영역은 팀원들의 능력 수준(발달 수준)에 기초한다. 예를 들어, 예산설정 능력이 부족한 팀원들에게 더 많은 책임감을 부여하기보다는 예산 사용의 제한과 같은 한계를 만들어준다. 그리고 권한위임 문화에서는 팀원들에게 더 큰 자율성이 주어지도록 필요한 훈련과 기술 개발을 제공한다.

권한위임 문화에서는 역설적이지만 더 많은 시스템을 창조해야만 한다. 이 시스템은 팀원들을 관할영역으로 옥죄는 것이 아니라, 효율적으로 자율성을 갖게 하기 위한 수단이다. 테니스 코트의 라인처럼 권한위임 문화에서의 관할영역은 팀원들이 자신의 점수를 지키면서 경기를 유리하게 이끌 수 있도록 만든다.

자기주도적인 개인과 팀으로 변화시켜라

셋째, 계층문화를 대체할 자기주도적인 개인과 팀으로 변화시켜라. 팀원들이 새롭게 공유된 정보를 이용하여 자율성을 창조했다면, 그 다음은 계층적 구조에 대한 의존성을 벗어야한다. 그러나 계층조직이 주던 명확성과 뒷받침은 무엇으로 대체할 것인가? 그 해답은 자기주도적인 개인과 고도로 숙련되고 강력한 자기관리 능력을 지닌 자기주도적인 팀에 있다.

권한위임 작업이 시작되면 팀원들은 자신이 역량이 부족하다고 느끼고, 동시에 팀장은 다음에는 무엇을 해야 할지 몰라 당황스럽기도 한다. 이는 팀장과 팀원 모두 계층문화에서 움직이는 것에 익숙해졌기 때문에 일종의 팀장 리더십 진공상태에 빠진 것이다. 권한위임의 성공여부는 이 시기를 어떻게 극복하는가에 달려 있다고 해도 과언이 아니다. 팀장이 혼란의 시기를 인정하고, 권한위임에 대한 명확한 비전을 가지며, 열린 소통과 정보의 흐름을 유지할 때 변화는 시작된다.

　진정한 권한위임은 여기서부터 시작된다. 권한위임은 팀장과 팀원들에게 팀을 어떤 식으로 운영해야 하는지에 대한 가장 근본적인 질문에 답하라고 요구한다. 팀의 모든 구성원들은 요구된 기술과 지식에 전문성을 인정받을 만큼 탁월해야 한다. 또한 팀장을 포함한 팀의 구성원들 스스로 의사결정의 주체로서 자기주도적인 개인과 팀을 신뢰할 수 있어야 한다. 자기주도적인 개인을 개발하고, 높은 성과를 내는 팀을 만들어내는 것이 결국 권한위임의 성공여부를 결정하게 될 것이다.

성과를 방해하는 3불 변명

실제로 현장에서 보면 권한을 위임하지 못하는 경우가 많다. 팀장들은 여러 장점이 있는데도 불구하고 왜 권한을 위임하지 못하는 것일까? 정말 못 하는 걸까? 아니면 안 하는 걸까? 현장의 팀장들은 나름 어려움을 많이 호소하고 있다. 보통 이것을 3불3不이라고 한다.[9]

---

9 "권한위임의 정석", 삼성경제연구소, 2012년 7월, 제157호.

첫째는 불안不安의 두려움이 있다.

변명의 소리로 "권한을 넘겨주면 나는? 내 자리가 위태로워지지는 않을까?"가 있다. 권한위임을 하면 자신의 권한이 축소될 것이라고 생각한다. 그러나 권한위임은 권한을 쪼개는 것이 아니라 권한을 확장한다는 개념임을 명심해야 한다. 다시 한 번 강조하지만 권한위임은 한쪽은 잃고 한쪽은 얻는 제로섬의 개념이 아니다. 오히려 권한을 위임할수록 팀장과 팀원 모두의 권한이 확장된다.

둘째는 불신不信의 두려움이다.

변명의 소리로 "일을 맡기면 팀원들이 제대로 일을 잘 해낼 수가 있을까?"가 있다. 일을 맡기기에는 팀원들의 역량이 충분하지 않다고 의심한다. 그러나 이는 우선순위가 바뀐 생각이다. 팀원의 역량을 파악하고 개발해야 할 필요성을 인식해야 한다. 팀원 개개인의 역량 수준을 알아야 일의 난이도와 업무처리 속도 등을 감안하여 권한을 위임할 수 있다. 아울러 팀원들이 과제나 활동 등을 잘 감당할 수 있도록 역량개발의 기회와 성공경험을 갖도록 해주어야 한다. 팀원들의 역량을 파악한 상태라면 권한위임을 두려워할 필요가 없다. 업무배분의 기술을 잘 활용하면 불신의 두려움은 극복할 수 있다.

셋째, 불통不通의 두려움이다.

변명의 소리로 "도대체 말이 안 통해! 일을 맡길 수가 있어야지" 가 있다. 즉, 일을 맡기고 소통이 안 되는 것에 대한 어려움을 호소한다. 소통은 일방적일 수 없다. 팀원들과 쌍방향의 소통을 하는 것이 중요하다. 많이 제대로 들어야 한다. 공감적 경청을 먼저 하고, 열린 질문으로 팀원들의 생각과 의견을 말하도록 하는 것이 중요하다. 아울러 칭찬과 격려로 소통의 문을 더욱 활짝 열어야 한다.

팀장으로 일하다 보면 성과를 내는 팀장과 그렇지 못한 팀장을 보게 된다. 같은 팀장이더라도 성과를 내는 팀장을 보면 많이 닮으려고 노력하고, 그렇지 못한 팀장을 보면 왜 그런지 살펴서 잘못된 부분을 타산지석으로 삼아라.

팀원의 수준에 맞게 맡기는 게
팀장의 능력이다

가장 나쁜 상사는 업무배분을 못 하는 상사

어느 TV프로그램에서 꼴불견 상사 1위에서 5위까지를 뽑았다.
결과는 다음과 같다.

  5위 본인 잇속만 챙기는 상사
  4위 사내정치에만 몰두하고 후배와 일은 뒷전인 상사
  3위 불평만 하고 칭찬에는 인색한 상사
  2위 책임을 후배에게 떠넘기는 상사
  1위 업무배분을 제대로 못 하는 상사

팀원들은 업무배분을 제대로 못 해서 팀을 효율적으로 운영하지 못하는 팀장을 싫어하는 상사 1위로 꼽았다. 다소 의외였다. 팀원들은 왜 그렇게 생각할까? 업무배분은 팀원의 성장 기회와 직접 연결된다. 팀원들은 일을 못 하거나 안 하는 다른 팀원들을 팀장이 적극 관리해주기를 원한다. 과중하거나 편중된 업무는 자신의 현장에서 책상에서 바로 부딪히는 문제이기에 팀장이 이 부분을 확실히 해주길 기대한다.

팀원의 발달단계에 따른 업무배분

업무배분은 팀원의 발달수준과 관련된다. 발달수준이란 팀원이 주어진 과업이나 활동을 완성하는 데 필요한 능력과 헌신을 가지고 있는 정도를 가리킨다. 보다 쉽게 말하면 그 사람이 특정한 과업이나 활동을 수행하기 위해 숙달된 기술이나 역량을 가지고 있는가(능력)와 과업이나 활동을 수행하는 데 긍정적 태도와 자발성을 가지고 있는지를 말한다(헌신).

업무배분의 리더십을 발휘할 때 가장 기본은 팀원의 발달수준에 맞는 리더십을 발휘해야 한다는 것이다. 과잉감독과 과소감독은 효과적인 업무배분이라고 볼 수 없다.

팀원의 발달수준은 네 가지 범주의 단계를 밟는다고 했다. 이

순서는 짧고 긴 것에 차이가 있을 뿐, 모든 팀원 개개인은 네 가지 범주의 발달단계를 생략 없이 거친다. 또한 이 발달수준은 과업별에 따른 것이지 종합적인 그 사람 자체에 대한 개념이 아니다.

좀 더 자세히 팀원의 발달단계에 따른 리더십을 살펴보도록 하자.

[그림 3-2] 팀원의 발달단계에 따른 지원/지시적 행동 관계

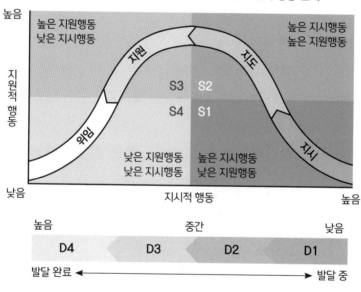

출처: 블랜차드, 같은 책, P.56 재구성

발달단계 1 : 1단계(Development1: D1)의 팀원은 능력은 낮고 헌신성(할 수 있다는 자신감과 의욕)은 높다. 주어진 과업이나 활동이 생소하고 수행방법을 정확히 알지 못한다. 그렇지만 새로운 과업

수행에서 도전과 흥미를 갖는다.

발달단계 1의 팀원에게는 기본적으로 지시형 업무배분이 바람직하다. 지시형 업무배분은 팀장이 활용할 수 있는 지시Directing와 지원Supporting에서 지시를 적극 활용하는 것이다. D1의 팀원에게는 무슨 과업을 어떻게 달성해야 하는가에 대해 구체적으로 업무지시를 하고 과제수행도 보다 주의 깊게 살펴줘야 한다.

발달단계 2 : 2단계(Development2: D2)의 팀원은 약간의 능력을 가지고 있으나 헌신성은 낮다. 과제수행 방법을 이제 배우기 시작해 능력은 다소 있지만 처음에 느꼈던 도전과 흥미는 잃고 동기유발 수준은 침체기이다.

발달단계 2의 팀원에게는 기본적으로 지도형coaching 업무배분이 바람직하다. 지도형 업무배분은 팀장이 활용할 수 있는 지시와 지원 모두 활용해야 한다. 이 단계에 있는 팀원에게는 과업 달성을 위한 구체적으로 업무지시를 해주는 동시에, 침체에 빠진 헌신성을 높이기 위해 정서적 지원 역시 적극적으로 해줘야 한다.

발달단계 3 : 3단계(Development3: D3)의 팀원은 중간에서 다소 높은 정도의 능력을 갖고 있으며, 헌신성은 2단계의 팀원보다 조금 더 상승한 상태이다. 3단계의 발달단계는 주어진 과제 수행을 위한 기술이나 노하우를 기본적으로 습득했으나, 스스로 독립적으로 그 과업이나 활동을 감당할 수 있는지의 여부에 대해서는 확신이 없는 상태이다.

발달단계 3의 팀원에게는 기본적으로 지원형supporting 업무배분이 바람직하다. 팀장이 활용할 수 있는 지시와 지원에서 지시는 비교적 줄이고 지원을 적극 활용해야 한다. 3단계의 팀원에게는 과제 달성에만 초점을 두지 않고, 지원을 통해 팀원 스스로가 달성해야 할 과제를 위해 능력을 발휘하도록 동기유발과 자극을 유도하는 것이 좋다. 팀장은 과제의 문제해결을 위한 촉진자 역할에 방점을 찍어야 한다.

발달단계 4 : 4단계(Development4: D4)의 팀원은 과업이나 활동을 수행하기에 충분한 능력이 있고, 직무완성을 위한 헌신성 또한 높다. 가장 바람직한 팀원의 발달상태로 과제나 활동을 수행하기 위한 기술이나 노하우를 충분히 습득했고, 그 과제나 활동을 완성하려는 동기유발도 매우 높은 수준이다.

발달단계 4의 팀원에게는 기본적으로 위임형delegating 업무배분이 바람직하다. 위임형 업무배분이란 팀장이 활용할 수 있는 지시와 지원에서 두 가지 모두 적게 사용하는 것이다. 4단계의 팀원에게는 진정한 권한위임이 필요하다. 지시보다는 스스로 통제할 수 있도록 하고, 불필요한 사회적, 정서적 지원을 줄임으로써 책임성과 주도성을 부여해야 한다.

일을 잘 맡기는 방법 5가지

가장 먼저 무엇을 위임할지 결정하라

업무를 배분하는 것은 사실 업무를 위임한다는 것과 같은 맥락이다. 일반적으로 위임은 권한에 관한 것으로 이해하고, 배분은 구체적인 업무에 관한 것으로 이해하면 좋다. 위임의 네 가지 스텝은 위임내용의 결정, 위임목표의 명확화, 위임실행, 후속조치이다.

가장 먼저 해야 할 일은 무엇을 위임할 것인지 결정하는 문제다. 그를 위해서는 팀장 스스로 본인의 업무와 팀원들의 업무를 파악하고 있어야 한다. 팀 단위에서의 업무 리스트를 작성해야 한다. 팀원들 스스로 자신의 업무를 작성해서 제출하도록 하는 것도 좋은 방법이다. 단순하고 반복적인 업무일지라도 지시가 필요한 것들이라면, 가능한 공식업무 분장에 포함시켜야 한다. 회의준비, 산업동향 검색, 경쟁사 분석, 보고서 작성 등도 포함될 수 있다.

업무 리스트가 작성되었다고 모두 위임해야 하는 것은 아니다. 어떻게 관리해야 할지 잘 모르는 업무라면, 적절한 관리방법을 찾을 때까지 위임을 보류하는 것도 방법이다.

위임의 목적을 명확히 하라

무엇을 위임할지 결정한 후에는 위임의 목적을 명확히 해야 한다. 이 업무를 위임하는 목적을 명확히 해야 한다. 위임을 통해 달성하고자 하는 기대치를 정확히 해야 한다는 것이다.

예를 들어, 팀원에게 고객만족 향상업무를 맡긴다면, "현재 고객만족도 60점을 상반기까지 90점으로 향상시켜야 한다"와 같이 정확한 목표를 설정해야 한다. 목표가 정확하면 업무배분을 위한 적임자를 찾는 데도 도움이 된다.

위와 같은 목표가 정해지면 고객만족 향상에 좋은 경험을 갖고 있는 팀원을 선정해야겠다고 판단할 수 있다. 원하는 목표나 기준을 명확히 하면, 위임하기 위해서 어떤 추가적인 훈련과 개발이 필요한지 확인할 수 있다.

위임을 실행하라

목적을 명확히 했다면 위임을 실행해야 한다. 위임을 실행한다는 것은 위임의 적임자를 선정하여, 위임의 목적과 내용에 협의, 결정하는 일 모두를 포함한다. 이때 새로운 업무를 맡길 팀원을 선정하는 데에는 다음 두 가지를 살펴볼 필요가 있다.

- 새로운 업무를 수행하는 데 요구되는 역량과 그 팀원이 가진 강점과 경험이 잘 부합되는가?(능력)
- 그 팀원이 자원하고자 하는 헌신의 마음이 있는가? 새로운 업무가 그 팀원의 관심이나 동기와 부합하는가? 새로운 업무가 그의 CDP(Career Development Program: 경력개발계획)와 부합하는 부분이 있는가?(헌신ㆍ관심ㆍ동기)

팀장은 종종 우수한 팀원에게 더 큰 기회를 주고 싶을 것이다. 그러나 그 팀원은 과도한 업무를 맡게 되어 탁월한 성과창출이 어려워질 수 있고, 다른 팀원들은 반대로 역량을 개발하고 성과를 창출하여 팀에 기여할 기회를 잃게 될 수 있다. 적임자의 개념은 꼭 우수한 팀원을 뜻하지는 않는다. 말 그래도 해당 업무를 맡기에 적합한 팀원을 뜻한다.

적임자 선정과 함께 위임의 목적과 내용 등에 협의하고 결정해야 한다. 그리고 그 팀원이 이 부분에 동의하도록 설득하고 지지하는 작업도 필요하다. 새로운 업무가 추가로 배분된 것에 팀원은 상당한 부담을 가질 가능성이 많다. 그렇기에 팀장은 충분한 지원과 지지를 표현해야 한다. 또한 위임한 업무에 대한 최종 책임은 여전히 팀장에게 있음을 인식시켜야 한다.

위험에 미리 대비하라

마지막으로 위임의 후속조치를 취해야 한다. 위임의 스텝에서 이 마지막 부분을 빠뜨리는 경우가 많은데 마지막 스텝은 매우 중요하다. 위임하고 일정기간이 지나면 또는 위임이 완료되면, 팀장과 팀원이 함께 위임된 업무에 대해 평가해보아야 한다.

팀원이 위임을 받은 후 스스로 생각했을 때 유익했던 부분은 무엇이었는지, 불편했던 점은 무엇이었는지 팀장이 확인해야 한다. 또, 앞으로 개선해야 할 점도 확인하고 개선할 부분은 정리해서 다음 업무배분에 반영하도록 하자. 업무를 완료한 팀원을 칭찬하고, 다른 팀원들 역시 그 팀원의 성공적인 업무수행을 인정해주도록, 공식적인 공유 과정을 갖도록 해야 한다.

그런데 만약 위임과정에서 팀원이 수행에 문제를 일으켰다면 어떻게 하면 좋을까? 가장 좋은 방법은 팀장이 해결책을 바로 제시하기보다는 팀원 스스로 문제를 해결할 시간을 주는 것이다. 그래야 팀원의 업무역량도 커지고, 계획한 팀의 목표를 달성하는 데도 도움이 된다.

한편 팀원이 위임받은 업무가 너무 힘들다고 도움을 요청하면 어떻게 하겠는가? 열린 질문과 경청으로 팀원의 문제점을 파악하고 건설적인 방법으로 지원해주는 것이 좋다.

마지막까지 하지 말아야 할 것은 그 업무를 되돌려 받거나 대신해주는 것이다. 팀장의 역할은 원숭이를 잘 사육하도록 지시하거나 지원하는 일이지, 그 원숭이를 팀장의 어깨에 올려서 스스로 사육하는 것이 아님을 명심하라.

김 팀장은 곧 있을 본부 전체회의에 온 신경이 가있다. 김 팀장이 속한 본부를 책임지는 박 상무는 엄청 일을 꼼꼼히 챙기는 스타일인 데다, 김 팀장은 지난 분기 회의에서 많은 지적을 당한 경험이 있어서 이번 분기 전체회의에 만회할 기회만 엿보고 있었다.

"이 대리, 내주에 있을 본부 전체회의를 위해 부탁한 자료는 잘 준비되고 있겠지? 이번 보고는 우리 팀에 매우 중요한 것도 잘 알지? 지난번 전체회의 때 깨진 거 생각하면 지금도 얼굴이 화끈거린다니까."

"네? 팀장님께서 요청하신 거래처별 미수금액과 회수방안에 대한 자료는 박 주임한테 부탁한 상태인데, 박 주임이 갑자기 지방출장이 생겼어요. 그래서 이번주 보고는 힘들 것 같습니다."

"뭐? 이 보고는 팀별로 취합해서 상무님께 내주에 최종보고되어야 하는 내용인데? 나는 이 대리한테 업무를 요청했지, 박 주임한테 요청한 게 아니야! 그리고 박 주임 지방출장은 갑자기 발생된 것도 아니잖아? 미리 계획된 거였잖아?"

원숭이를 분배했다면, 원숭이를 마음대로 다루고자 하는 욕구를 지닌 팀원들과 그 결과를 책임져야 하는 팀장 사이에 균형을 맞추기 위한 체계적인 방법이 필요하다. 팀원들에게 보다 많은 권한과 책임을 부여하면 필연적으로 위험도 커지기 때문에 그에 대비해야 한다. 위험을 관리하는 원숭이 보호방책은 두 가지가 있다.

첫 번째 방책은 팀원이 일을 수행하기 전에 일을 살피는 것이다. 팀원들에게 일을 맡겼다가 '감당하지 못할' 실수가 일어날 가능성이 높다고 생각되는 상황에서 사용 가능한 방법이다. 보다 중요한 일일 경우에 하는 방법으로 일을 진행하기 '전에' 팀장에게 구체적으로 여러 제언을 구해서 승인받게 한 후 일을 진행하라.

이 첫 번째 방책은 꼭 필요한 경우에 한정적으로 사용하는 것이 좋다. 팀원들이 일에 대해 오너십을 갖고 수행해야 하는데, 일일이 팀장한테 허락받고 일을 진행하는 것은 바람직하지 않기 때문이다. 그러나 때에 따라서는 팀원이 감당하기 어려울 것 같은 일에 대해서는 방치의 모습을 보이기보다 여러 위험요소를 큰 시각에서 살피고, 미리 위험요소를 제거하거나 관리하는 것이 좋다.

둘째는 팀원이 일을 수행한 후에 피드백을 주는 것이다. 이 방책은 부하직원들이 원숭이를 잘 다룰 수 있을 것이라는 확신이 드는 경우에 사용한다. 팀원들이 알아서 문제를 해결하고 난 후, 적절한 시기에 보고하도록 하는 것이다. 팀원들은 보다 자율성을 갖고 업무를 진행할 수 있고, 팀장은 필요한 시간을 충분히 확보할 수 있는 장점이 생긴다.

두번째 방책은 팀원 스스로 보호장치를 만들어 일을 진행한 후 팀장에게 보고하도록 하는 가장 바람직한 팀 운영이다. 이 경우는 팀원들의 발달단계는 앞장에서 설명한 4단계로 팀원이 일을 충분히 처리할 수 있는 능력이 있을 뿐만 아니라, 조직이나 팀에 헌신하고자 하는 높은 동기도 함께 가졌을 때 가능한 방책이다.

✔ Leadership Check

✏ 당신의 팀원들은 D1~D4까지의 발달단계 중 어느 위치에
있는가? 그렇게 생각한 이유를 간단히 설명해보라.

_____

_____

_____

_____

_____

_____

✏ 당신의 팀이 갖고 있는 업무배분의 원칙이나 기준은 무엇인지
설명해보라.

_____

_____

_____

_____

_____

_____

✏️ 위임의 네 가지 스텝 중 당신이 가장 어렵게 생각하는 스텝은 무엇인가? 그렇게 생각한 이유는 무엇인가?

_____

_____

_____

_____

_____

_____

_____

_____

_____

_____

_____

_____

_____

Chapter.4

회사가 팀장에게
원하는 한 가지

_성과관리

회사는 팀장의 성과가 아니라 팀의 성과를 원한다

열혈사원 김 대리가 성과급을 낮게 받은 이유

공공1팀의 김 대리는 올해 자신에게 할당된 매출 목표를 달성했다. 회사의 PS Profit Sharing 프로그램에 따라 상당한 금액의 성과급을 기대했는데 막상 결과는 생각했던 것에 훨씬 못 미치는 성과급을 받았다.

왜 이렇게 된 것일까? 인사팀에 확인해보니 김 대리가 속한 공공1팀의 성적이 좋지 않은 것이 이유였다. 팀성과 평가는 80퍼센트, 개인성과 평가는 20퍼센트 비중으로 적용되는데, 김 대리는 팀의 성과달성보다 자기 앞에 주어진 목표만을 위해 정신없이 달려왔던 것이다.

96

그럴 줄 알았으면 같은 팀의 이 주임이 힘들어할 때 좀 도와줄 걸 하는 아쉬움이 남았다.

김 대리는 '경기를 하려면 룰을 제대로 알아야 하고, 또 회사의 평가기준도 명확히 알아야겠다'라고 생각했다.

현대의 조직은 분명 개인 플레이어 중심이 아닌, 팀 플레이어 중심이다. 그렇기에 팀장의 성과 또한 팀장의 개인역량으로 평가받는 것이 아니라 팀의 성과, 즉, 팀원들이 함께 만들어낸 결과로 평가받는다.

즉, 팀장의 중요한 역할은 팀장의 개인적 역량을 키우는 것이 아니라 팀원의 역량을 키워 팀의 성과로 연결시키는 것이다.

성과를 올리는 PDCA 사이클

경영의 아버지라 불리는 피터 드러커는 《성과를 향한 도전》에서 오늘날 조직에서 자신의 지식이나 지위 때문에 조직의 활동과 업적에 실질적으로 기여해야 할 지식노동자를 경영자라고 정의했다. 또 경영자는 모든 일을 끝까지 완수해야 할 지위에 있는 사람으로 정의했다. 이런 맥락에서 보면 팀장은 지식노동자이며, 경영자가 된다.

[그림 4-1] PDCA 사이클의 영향

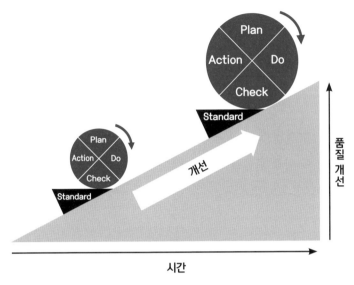

출처: www.brunch.co.kr, 일의 기본, PDCA.

드러커는 "경영자의 과제는 성과를 올리는 것이다. 모든 업무는 성과를 올려야만 의미가 있다. 그러나 이런 지위에 있는 사람 중에서 큰 성과를 올리는 사람은 극히 적다"라고 말했다. 드러커가 말한 '경영자'를 '팀장'으로 바꾸어 다시 기술해보자.

"팀장의 과제는 성과를 올리는 것이다. 모든 업무는 성과를 올려야만 의미가 있다. 그러나 팀장들 중에서 큰 성과를 올리는 사람은 극히 적다."

희망적인 것은 피터 드러커가 성과를 올리는 능력은 타고난 것이 아니라 습득된다고 주장했다는 것이다. 노력으로 가능하다는 의미다. 그렇다면 성과를 올리기 위해서 팀장은 무엇을 해야 할까?

성과를 올리기 위한 경영의 가장 기본원칙은 PDCA 사이클을 돌리는 것이다. PDCA 사이클은 1951년 품질의 아버지 에드워드 데밍 Edward W. Demming 박사에 의해 제시되었지만, 오늘날에도 여전히 현대경영에 유용하다.

'PDCA 사이클'의 P는 'Plan'으로 어떤 과제나 활동을 할 때 가장 먼저 목표나 계획을 구체적으로 세우는 단계를 뜻한다. 'D'는 'Do'로 그 계획에 따라 실행하는 단계이다. 'C'는 'Check'로 실행하고 난 후 원래 계획이나 목표대로 일이 잘되어 가고 있는지를 중간 또는 마지막에 점검하는 단계다. 'A'는 'Action'으로 check 단계의 자료를 기반으로 계획이나 목표대로 일이 잘 진행되지 않을 경우 적절한 조치를 취해서 'Gap'을 수정하는 단계이다.

PDCA 사이클을 돌리면 그때마다 성과의 발전이 이뤄진다고 말할 수 있다. 이것은 나사를 한번 돌릴 때마다 조금씩 앞으로 나아가는 현상과 같으며, 사파이럴 업 spiral up이라고 부르기도 한다.

최우수 팀원도 최악의 시스템에서는 성과를 내지 못한다

고성과자 김 대리가 저성과자가 된 이유

김 대리는 디자인을 전공한 경력직 팀원으로 eDM을 맡기로 했다. 보다 효과적인 마케팅을 수행하기 위해 회사에서는 eDM 전문 교육을 제공하기로 했고, 김 대리는 새로운 일을 맡게 되어 기대에 부풀어 있었다. 김 대리는 자신의 팀이 사용하는 컴퓨터가 새로운 eDM 기법을 충분히 감당하기는 어려워 새로운 OS 컴퓨터로 교체해달라고 팀에 요청했다.

하지만 몇 주가 흘러도 교체가 이뤄지지 못했고, 김 대리는 일을 제대로 수행하지 못하고 있다. 주위에서도 김 대리에 대한 평판이 나빠졌다. 그럴수록 김 대리는 회사와 팀에 서운한 감정만 더해졌다. 결국 김 대리는 얼마 지나지 않아 저성과자로 분류되어 퇴사했다.

김 대리는 능력도 있었고 의욕도 있었던 팀원이었다. 김 대리가 저성과의 결과를 만들어낸 주원인일까? 물론 김 대리에게 문제가 있을 수도 있다. 그러나 더 큰 원인은 김 대리가 통제할 수 없었던 시스템 문제에 있었다. 김 대리 개인뿐 아니라 팀 모두가 큰 손실을 입었다.

팀장이 성과관리에 집중하는 이유는 생산성을 높이고 효과성을 증대하기 위해서이다. 즉, 모든 팀원들의 성공과 팀의 성공을 이끌기 위한 것이다. 성과관리를 위한 성과점검과 평가의 첫 단추는 성과가 성공적이면 왜 성공적인지, 실패라면 왜 실패인지, 그리고 앞으로는 어떻게 할 것인지를 확인하는 데 있다.

성과관리의 첫 단추는 바로 정확한 진단이다. 성과진단은 팀원과 함께 성공 혹은 실패의 원인을 찾는 데 사용하는 과정이다.

성과에 영향을 미치는 2가지 요소

성과에 영향을 주는 것으로 보통 두 가지를 생각할 수 있다. 첫째는 개인적인 영역이다. 개인적으로 잘 훈련되고 동기부여가 잘되어 있으며 의지가 있는 사람은 좋은 성과를 낼 확률이 높다. 둘째는 환경적 시스템이다. 즉, 개인을 둘러싼 환경에 관한 것으로 이는 개인이 통제할 수 없는 영역이다.

예를 들어, 생산라인에 계속 문제를 일으키는 기계가 존재할 수 있다. 또 팀 내 협력하지 않는 분위기가 있을 수 있고, 팀원들에게 필요한 도구나 장비가 제대로 제공되지 않을 수도 있다. 적절한 매뉴얼과 훈련 시스템이 갖춰져 있지 않을 수 있다. 최악의 환경적인 시스템이라면 제아무리 최우수 팀원이더라도 좋은 성과를 기대할 수 없다.

팀장은 그 부분에서 예리한 판단력을 갖고 있어야 한다. 우리는 대부분 성과 원인을 개인적인 영역에서 찾는다. 그러나 큰 실패는 종종 시스템의 문제에서 나타난다. 팀원 개개인이 통제할 수 없는 시스템이 문제를 일으킨다. 시스템의 결함이 있는지를 먼저 파악해야 할 사람은 팀장이다. 시스템이 원인이 아니라는 것을 진단한 이후에 개인적인 원인에 집중해야 한다.

효과적인 성과관리 기준 10가지

평범한 팀장이 비범한 성과를 내는 방법

성과관리를 제대로 하기 위해서는 효과적인 성과관리 기준을 마련해야 한다. 로버트 바칼Robert Bacal은《Perfomance Management》에서 효과적인 성과관리 기준을 아래와 같이 10가지로 제시했다.

1. 효과적인 성과관리는 전체 업무를 조정하는 수단들을 제공하여 조직, 사업부, 개별 팀원들의 목표를 한 방향으로 향하도록 한다. 효과적인 성과관리는 각 구성원들의 업무를 조직, 사

업부, 개인 등에 적합하게 조정하며 이 조정의 최종목적은 조직이 큰 그림에서 동일한 방향, 동일한 목표를 향해 가도록 이끌어준다. 동일한 목표를 지향한다는 것은 성과 극대화가 가능함을 암시한다.

2. 효과적인 성과관리는 조직의 효과성에 방해되는 프로세스의 문제를 찾아내는 수단을 제공해야 한다. 성과관리는 조직이 효과적으로 운영될 수 있는 기반을 제공하는 것이며, 제대로 운영되지 않는다면 방해가 되는 문제를 찾아내는 수단이 된다.

3. 효과적인 성과관리는 성과문제를 적절하게 문서화하는 수단을 제공해야 한다. 회사가 관련된 법과 가이드라인을 준수하고 사소한 법적 소송이나 불만을 억제하며 필요한 경우 증거자료로 활용해야 한다. 성과관리를 하다 보면, 자신의 성과평가에 문제를 제기하는 팀원이 있을 수 있다. 때에 따라서는 법적 소송을 제기하는 경우도 있기 때문에 성과관리는 법적 소송에 대항하는 증거자료로 활용될 수도 있음을 염두해야 한다.

4. 효과적인 성과관리는 관련자들의 승진, 성장전략, 훈련 등과 관련한 의사결정을 위한 정보를 제공해야 한다. 조직에서는 일정한 시점에 승진, 성장전략, 훈련 등을 진행해야 하는데, 이런

결정을 아무런 근거 없이 주먹구구식으로 하는 것이 아니라, 성과관리에서 나타난 정보를 통해 의사결정해야 한다.

5. 효과적인 성과관리는 경영자나 관리자들에게 필요한 정보를 제공해야 한다. 이를 통해 경영자나 관리자들은 문제들을 미연에 방지하고, 팀원들의 업무수행을 돕고, 조정하며, 완성된 보고서를 그들의 상사나 팀장에게 보고할 수 있도록 해야 한다. 성과관리가 제대로 되고 있다면 팀원들이 어느 부분에서 업무수행을 잘하고 있는지, 어느 부분에서는 미흡한지를 파악할 수 있다. 그에 따라 팀원들의 업무수행을 지원, 조정함으로써 보다 효과적인 팀을 운영할 수 있다.

6. 효과적인 성과관리는 관리자가 팀원들과 함께 문제영역을 찾아내고, 그 원인을 진단하며, 문제를 해결하기 위한 구체적인 실행계획을 세울 수 있도록 해야 한다. 성과관리를 하다 보면 팀원들의 문제점이 발견되는 경우가 있다. 바람직한 성과관리는 그 원인을 파악하고, 문제해결을 위한 구체적인 실행계획을 세울 수 있는 기반이 된다.

7. 효과적인 성과관리는 관리자에게 보고하는 모든 팀원들 각각의 업무를 조정하는 수단을 제공해야 한다. 성과관리를 하다

보면 해당 업무가 잘 맞지 않는 팀원을 발견하게 되는 경우가 있다. 예를 들어, 아주 내성적이고 꼼꼼한 팀원이 고객대면 업무를 맡으면서 성과를 내지 못하고 있다면, 다른 업무를 맡겨 볼 수 있다. 성과관리는 여러 팀원들의 업무조정 수단이 되기도 한다.

8. 효과적인 성과관리는 팀원들의 동기를 지원하는 방법으로 규칙적이고 지속적인 피드백을 공급해 팀원의 성장을 도모해야 한다. 이런 피드백을 하기 위해서는 근거가 있어야 하는데, 성과관리는 팀장이 팀원에게 제공하는 피드백의 근거를 제공한다.

9. 효과적인 성과관리는 팀원들에게 기대하는 것들을 명확히 하여, 실수를 방지하는 수단을 제공해야 한다. 이는 팀원들이 그들만의 힘으로 할 수 있는 것과 할 수 없는 것이 무엇인지를 이해하도록 하며, 그들의 업무가 전체 그림에서 어떻게 어울리는지를 알게 해준다. 성과관리는 팀원들로 하여금 조직이 자신에게 기대하는 업무의 구체적 내용을 파악할 수 있게 해준다.

10. 효과적인 성과관리는 팀원들을 개발하고 훈련시키는 활동들을 계획하는 수단을 제공해야 한다. 성과관리는 팀원들의 부족하고 개발해야 할 역량을 파악하게 해주고 팀원들에게 필요

한 교육과 훈련 활동이 무엇인지를 파악해 구체적 실행계획을
세울 수 있도록 해준다.

팀원의 성과점검은
공식적으로 하라

공적인 성과점검의 중요성

맡겨진 원숭이가 제대로 키워지고 있는지 살피는 것은 중요하다. 팀에 닥칠 위험을 최소화하고, 팀의 성공을 극대화하는 데 매우 유익한 과정이기 때문이다. PDCA 사이클에서 C$_{Check}$와 A$_{Action}$에 해당하는 단계라고 할 수 있다. 일상 업무에서 이뤄지는 피드백도 중요하지만 이것이 공식적인 성과점검을 대신할 수는 없다. 성과점검에서는 팀장이 이미 팀원과 합의하여 설정해놓은 목표에 대비해서 팀원이 달성한 성과를 객관적으로 점검해야 한다.

공식적인 성과점검은 팀장과 팀원 및 조직 모두에게 유익하다. 우수한 성과를 지속시켜주고 개개인이 당면한 문제를 해결하고, 개인의 개발 계획을 수립하는 데 매개체 역할을 한다. 팀장이 성과점검을 할 때는 이들 평점이 어떻게 나왔는지 각 팀원이 이해할 수 있도록 충분한 시간을 갖고 준비하는 게 대단히 중요하다. 평점은 과거의 성과를 알아보거나 성과향상의 기회를 모색할 때 중요한 참고가 되지만 성과점검의 핵심은 팀장과 팀원 간의 상호작용이다.

성과점검은 팀장이 팀원의 업무만 점검하는 권위적 존재가 되기보다, 코치로서 역할을 할 수 있는 기회를 제공해준다. 팀장의 업무량 증가 때문에 효과적인 성과점검은 그 어느 때보다 더욱 중요하다. 성과점검 준비와 시행에 시간이 걸리더라도 장기적으로 볼 때 필연적으로 당면할 많은 문제들을 줄여 준다. 팀의 목표와 목표달성 방법을 잘 아는 팀원은 자기 직무를 보다 잘 관리할 수 있다. 발등에 붙은 불 끄기에 급급한 상황은 대폭 줄어들고 팀장은 보다 많은 시간을 적극적으로 전략적 업무에 할애할 수 있을 것이다.

성과점검(평가)은 아래와 같이 준비, 시작, 실행, 확인의 4단계로 진행하는 것이 바람직하다.

4단계 실행 노하우

1단계 : 성과점검이 주제에서 벗어나지 않도록 '준비'하는 단계

준비는 성과점검 면담의 핵심단계이다. 팀장과 팀원 양측이 면담을 시작하기 전에 시간을 내어 성과 관련 데이터와 피드백을 수집하고 성과점검 면담을 어떻게 진행할 것인지에 대해 계획을 수립하면 그 효과는 상당할 것이다. 성과점검은 일정한 성과달성기간(보통 분기나 반기, 1년 단위)에 대한 점검(중간), 평가(최종)가 된다.

📝 성과점검 면담 전에 팀장 스스로 다음을 준비하도록 한다.

- 팀원의 성과와 관련된 정보를 수집하고 검토(팀원 스스로 작성하는 자기점검서와는 별개로 팀장 스스로 정리한 기본자료임).
- 팀장 개인노트.
- 팀원과 이전 성과점검 회의 시 토의했던 우선과제 및 목표.
- 팀원과 성과달성 기간 동안 공유했던 기타 정보.
- 팀원의 성과를 보여주는 데이터.
- 목표달성 또는 미달성의 구체적인 사례.
- 고객/동료 직원으로부터의 피드백.
- 목표달성을 가능하게 한 특별한 기술, 지식 또는 의견.

✏️ **팀원은 스스로 자기점검서를 준비한다. 자기점검서에는 기본적으로 다음 내용이 포함되어야 한다.**

- 업무를 통해 조직의 비전과 목표를 달성하기 위해 어떻게 해야 한다고 생각하는가?
- 성과달성 기간 중에 구체적으로 어떻게 해야 개인목표 달성은 물론, 팀에 큰 기여를 할 수 있다고 생각하는가?
- 목표를 달성하는 데 가장 필요한 핵심역량(KSA: 지식, 스킬, 능력)은 무엇이라고 생각하는가?
- 동료/고객으로부터 어떠한 피드백을 받았는가?
- 성과를 개선하기 위해서는 어떻게 해야 하는가?
- 배운 점은 무엇인가? 향후 실행할 가치가 있다고 생각되는 점은 무엇인가?
- 성과달성 기간 중에 팀장으로부터 어떠한 지원을 받을 필요가 있다고 생각하는가?
- 지난 성과를 검토해볼 때 아쉬운 점은 무엇인가?

✏️ **팀원에게 전달할 핵심 메시지를 준비한다.**

- 차후 성과점검을 할 때 팀원이 기억했으면 하는 핵심 메시지를 두세 가지 준비한다.
- 성과점검 시 강조하고자 하는 주요업무를 선정한다.
- 두세 가지의 역량 또는 개선이나 학습이 필요한 부분을 파악한다.

- 역량 또는 개선이나 학습이 필요한 부분에 대한 구체적인 사례를 마련한다.

핵심 메시지를 전달할 때는 팀원의 성과 중 가장 중요한 부분에 초점을 둘 수 있도록 유도하는 최적의 기회가 되어야 한다. 정보와 주제를 지나치게 여러 가지 말하면 초점이 흐려질 수 있으므로 특히 유의해야 한다.

📝 성과점검 면담 중 직면할 어려움에 대비한다.

- 의견 불일치 가능성이 있는 부분을 파악한다.
- 아래와 같은 팀원의 반응과 팀장의 대처방안에 대해 미리 생각해본다.

· 논쟁하려고 할 경우	· 말을 중간에 끊으려고 할 경우
· 침묵할 경우	· 방어적인 태도를 취할 경우
· 소리를 지르기 시작할 경우	· 관리자, 동료, 회사를 비난할 경우
· 회사의 방침 또는 절차에 반발할 경우	· 다른 문제를 들고 나올 경우
· 문제의 심각성을 인식하지 못하는 경우	· 화를 내는 경우
· 대화를 하다 말고 도중에 자리를 뜨는 경우	· 말로 위협을 가하는 경우
· 무관심한 반응을 보이는 경우	· 당황한 기색을 보이는 경우

2단계 : 팀원과 함께 성과점검 대화를 '시작'하는 단계

실제적으로 팀원과 성과점검을 진행하는 단계이다. 팀원의 자기평가 결과를 경청하고, 팀원의 목표에 대해 함께 토의함으로써 팀원의 적극적 참여를 유도할 수 있다. 또 핵심 포인트를 보다 효과적으로 논의할 수 있다.

📝 팀원이 자기평가의 핵심 포인트를 말하도록 한다.

- 성과점검 면담을 시작하기 전에 팀원이 자기평가 시 활용할 질문과 결과를 요약해서 설명할 수 있는지의 여부를 확인한다.
- 만약 팀원이 자기평가를 준비하지 못했다면 회의를 연기한다. 팀원이 성과점검 면담 과정에 적극적으로 참여하지 않는다면 성과문제를 해결해야겠다는 동기도 부여될 수 없기 때문이다.
- 팀원이 자기평가 결과를 발표하는 도중에는 팀장의 의견을 말하지 않는다. 팀장의 의견은 차후 핵심 포인트에 대해서 말할 때 언급한다. 자기평가 결과를 들을 때는 다음 사항을 준수한다.
  - · 경청한다 · 방어적인 태도를 피한다 · 메모한다
- 팀원이 자기평가를 완료한 후 다음 확대형 질문을 하여 보다 많은 정보를 수집하고 진위 여부를 확인한다.
  - · 목표는 어떻게 진행되고 있습니까?
  - · 목표 추진 과정에서 무엇을 배웠습니까?
  - · 목표 추진 과정에서 도움이 되었던 요소는 무엇이었습니까?
  - · 목표 추진 과정에서 장애물은 무엇이었습니까?
  - · 과거를 돌이켜보았을 때 아쉬웠던 점은 무엇입니까?
  - · 다른 사람들의 평가는 어떠했습니까?

📝 팀원의 목표에 관해서 토의를 유도한다.

- 확대형 질문으로 팀원의 목표를 파악한다.
- 팀원의 목표를 달성하는 데 도움이 될 만한 전략을 제안한다.

• 팀원의 목표를 이해하면 토의를 보다 효과적으로 진행할 수 있다. 즉, 업무목표, 조직목표만이 아니라 팀원 개인이 가진 미래에 대한 열망도 효과적으로 다룰 수 있다.

3단계 : 핵심 포인트를 팀원과 공유하는 '실행' 단계

준비된 팀원이라면 팀장의 평가와 조언을 간절하게 기다릴 것이다. 이 단계의 성공은 팀장의 준비 여부에 달려 있다.

📝 **핵심 포인트를 중점적으로 다루도록 집중한다.**
• 팀원이 기억하기를 원하는 메시지를 정확히 전달한다.
• 평가결과를 구체적인 것까지 상세히 언급할 필요는 없다.
• 칭찬할 만한 점을 찾아 이를 먼저 언급하면서 다루고자 하는 핵심 포인트를 강조한다.
• 팀원의 목표, 성과의 구체적인 예, 고객 또는 동료직원의 평가의견 등 사실적 데이터만을 토대로 개선할 부분에 대해서 토의한다.
• 협력적인 분위기를 유지하되 팀장의 의견을 정확히 표현한다. 핵심 포인트를 강조하되 확대형 질문을 지속적으로 하여 일방적인 토의 분위기를 지양한다.

📝 **주요 성과문제 해결에 주목한다.**
• 주요 성과문제를 해결할 때, 핵심 포인트와 관련된 부분만을 다룬다.

- 팀원의 목표, 성과의 구체적인 예, 고객 또는 동료직원의 평가의견 등의 사실적 데이터만을 근거로 한다.
- 성과문제를 팀원의 목표와 조직의 목표와 연관시켜 지적한다.
- 일방적인 설교는 지양한다.
- 필요하다면 언제든지 상대방의 의견을 반영하여 시정할 가능성이 있다는 태도를 보여준다.

4단계 : 향후 수정계획을 수립하는 '확인' 단계

팀장이 강조한 핵심 포인트를 팀원이 정확히 숙지했는지 확인할 필요가 있다. 왜냐하면 핵심 포인트가 향후 성과달성 기간 중 팀원의 성과에 지대한 영향을 미치기 때문이다. 또한 향후 수정된 계획을 수립하도록 한다. 성과점검 면담의 목표는 팀원이 이후에 보다 효과적으로 업무를 수행할 있도록 도와주는 데 있기 때문이다.

📝 **팀원이 조직에 기여한 바를 인정해준다.**

- 팀원이 조직에 기여한 바를 칭찬하되 구체적인 사례를 예로 들어 설명한다.
- 팀원의 성과개선에 대해 신뢰를 표현한다.
- 지속적인 지원을 약속한다.

📝 팀원에게 핵심 포인트와 오늘 행했던 면담의 요점을 정리할 것을 요청한다.

- 개선 및 학습의 기회를 다시 한 번 강조한다. 이때 학습 기회를 핵심 포인트와 연계해 설명한다.
- 차후 단계에 대해 합의를 도출한다.
  · 교육 또는 기타 개발의 기회   · 신규 또는 확대된 업무
  · 팀원에 대한 지원 제공 방안   · 수정된 장기 또는 단기 성과목표
  · 신규 또는 개정 절차

마지막으로 성과점검하면서 팀장이 범하기 쉬운 평가오류 편향에 특히 주의해야 한다.

[그림 4-2] 팀장이 갖기 쉬운 편향들

편향	현상
중심화	· 논란이 될 수 있는 평가 등급의 양 극단을 피하고 안정적인 가운데로 평가하려는 오류. · 다수 직원들을 평가하면서 차이를 두지 못하는 오류.
관대화	· 부하직원과의 인간관계가 악화될 것을 우려, 차등화에 대한 자신감 결여. · 결과보다 노력에 초점, 실제보다 좋게 평가하려는 오류. · 실제보다 가혹하게 평가하려는 오류.
후광효과	· 어느 한 항목에서의 높은 평가가 실제 상대적으로 낮은 다른 항목들에 대해 높게 평가하도록 영향을 미치는 오류. (예: 실제 A 항목은 9점, B와 C 항목은 4점, 3점인데, A 항목의 후광효과로 인해 B, C 항목 각각 6점, 5점으로 평가할 경우).

역광효과	· 후광효과의 역으로, 한 항목에서의 나쁜 평가가 실제 상대적으로 높은 다른 항목에 대해 낮게 평가하도록 부정적인 영향을 미치는 오류. (예: 실제 A 항목은 3점, B와 C 항목은 8점, 7점이어야 하는데, A 항목의 역광효과로 인해, B, C 항목 각각 6점, 5점으로 평가할 경우).
정박효과 (기준점의 고/ 저점효과)	· 평가자가 자신의 수준과 관련하여 그 항목에 대해 매우 엄격하거나 또는 관대한 기준을 가지고 있어, 실제보다 야박하거나 관대하게 평가하는 오류. (예: 도전의식이 탁월한 팀장이 웬만해선 부하들의 도전정신이 눈에 차지 않는다거나, 커뮤니케이션 실력이 떨어지는 팀장이 이 부분에 대해 점수를 후하게 준다거나 하는 경우.)
성향 또는 고정관념	· 여자는 결단력이 부족하다느니, OO지방 사람들은 xx하다느니, xx하다 식의 증명되지 않은 고정관념에 의한 오류. · 팀장이 팀원을 적절하게 관찰할 수 없을 경우, 실제 행위가 아닌 "아마 이렇게 할 거야"라는 식으로 결론짓는 오류를 범할 수 있음.
최근화 효과	· 평가 시 최근의 업무를 더 중요하게 여기는 오류.
빅뱅 효과	· 좋았던 최고의 순간을 기억하고 평가함으로써 전체를 보지 못하는 오류. · 팀장의 업무에 중대한 사안이 끼어들고, 이 일이 팀장의 뇌리에 박혀 다른 것들은 무시하는 오류.

출처: 송계전(2017), p240 일부 재구성.

　　탁월한 팀장은 위험을 방어하여 팀원들이 위험에 노출되지 않도록 하거나 노출되더라도 치명상을 입지 않도록 방책을 마련해야 한다. 또한 성과를 점검하고 관리하여 팀원과 팀이 함께 성장하고 결실을 나누는 시스템을 구축해야 한다. 성과를 내는 것, 그것이 팀장의 업무임을 잊지 말아야 할 것이다.

✏️ PDCA 사이클 중 가장 중요한 것은 무엇이라고 생각하는가?
그 이유는 무엇인가?

_____

_____

_____

_____

_____

✏️ 팀장으로서 성과평가 시 가장 어렵다고 생각하는 부분은
무엇인가? 그렇게 생각하는 이유는 무엇인가?

_____

_____

_____

_____

_____

_____

✏️ 팀장이 갖는 일반적인 평가오류 편향 중 당신이 가지기 쉬운 편향은 무엇인가? 그렇게 생각한 이유는 무엇인가?

_____

_____

_____

_____

_____

_____

_____

_____

_____

_____

_____

_____

_____

_____

Chapter.5

팀원을 성장시키는
최고의 방법

_코칭&피드백

일을 관리하지 말고
팀원을 바라보라

자유로운 팀 관리로 구설수에 오른 민 팀장

디자인팀의 민 팀장은 팀을 가급적 자유롭게 운영하는 스타일이다. 입사 3년차 오 대리는 나름 실력 있는 디자이너로 인정받고 있지만, 출퇴근 등의 근태가 엉망일 뿐 아니라 팀프로젝트에서의 자신의 역할도 제대로 수행하지 않았다. 그녀의 안하무인격 행동은 함께 일하는 사람들을 점점 힘들게 만들었다. 그런데도 민 팀장은 오 대리에게 아무런 코칭을 하지 않았다.

이런 상황이 지속되자 팀원들은 팀장이 오 대리에게만 특별한 혜택을 주고 있으며 공정하지 못하게 일 처리를 한다고 생각했다. 심지어 오 대리와 그렇고 그런 사이라며 근거 없는 소문이 돌기까지 했다. 팀의 분위기는 엉망이 되었고 팀의 실적은 저조해졌다. 결국 민 팀장은 그만두었다.

팀장은 팀의 모든 일을 담당자가 되어 처리할 수 없다. 즉 배분된 원숭이들을 모두 직접 관리할 수가 없다. 결국 원숭이들을 관리하는 것은 각각의 담당자 즉, 팀원들이다. 팀장은 팀원을 제대로 살피고 도와야 한다. 제대로 작동되지 않는 업무와 팀원에 대해서는 적절한 솔루션을 제공해야 한다. 필요한 부분을 채워줘야 한다. 팀원의 문제점과 필요로 하는 것들을 파악하고 그에 합당한 조치를 취해야 팀원들은 원숭이를 제대로 관리할 것이다.

티칭하지 말고 코칭하라

잠깐 다음 질문에 답해보자. 다음 네 가지 리더십 요건을 100퍼센트를 총합으로 당신의 생각대로 구성해보라.

① 명령가(지시한다): (   )퍼센트
② 영웅(나처럼 하라): (   )퍼센트
③ 선생(가르친다): (   )퍼센트
④ 코치(스스로 책임지도록 돕는다): (   )퍼센트　(출처: 아시아코치센터)

정답은 없지만, 가장 바람직한 배분은 명령가 10퍼센트, 영웅 0 퍼센트, 선생 10퍼센트, 코치 80퍼센트이다. 결국 가장 바람직한 리더의 모습은 '코칭하는 리더'이다. 일명, 1960년대를 보스Boss의 시대, 1980~90년대를 관리자Manager의 시대라고 한다면, 21세기는 코칭Coaching의 시대라고 말한다.

일부의 리더들만이 배움의 기회를 가졌던 1960년대에는 리더가 보스가 되어 이끌어주고, 앞장 서고, 가르치고, 훈련시켰다. 이후 합리적이고 과학적인 시스템을 중요시 하던 1980~90년대에는 시스템을 잘 관리하는 관리자가 리더로서 각광받았다. 그러나 조직이 수평화되고, 자율과 책임, 창의적인 문화가 강조되는 4차 혁명시대에는 각 구성원들 스스로가 책임지고 일을 처리하도록 도와주고 격려해주는 코칭이 바람직한 리더의 모습이 되고 있다.

코칭의 정의는 매우 다양하다. 여러 전문가들의 정의를 종합해서 정리해보면, 코칭은 '스스로 성장하고자 하는 의지를 가진 사람 즉, 더 효과적으로 성과를 창출하고 싶은 사람에게 동기를 부여하고, 스스로 문제를 해결하도록 돕는 활동'으로 정의할 수 있다. 현장에서는 팀원이 현재 갖고 있는 문제점에 대해 팀원 스스로 문제를 해결하도록 돕는 팀장의 활동을 코칭으로 정의할 수 있다.

코칭하지 않는 팀장의 3가지 핑계

팀장의 역할을 수행해본 사람들은 팀원에게 일일이 지시해서 일을 처리하는 경우보다, 팀원이 스스로 일을 처리하는 경우가 효과가 훨씬 크다는 것에 동의할 것이다. 즉, 스스로가 동기부여되고 오너십을 가질 때 일의 성과는 극대화된다. 성격이 급한 팀장은 문제가 생길 때 답답한 나머지 그때그때 일을 지시하고자 하는 욕심이 생길 수 있지만, 중장기적으로 볼 때 팀원 스스로 문제를 해결할 수 있도록 기회를 제공하는 것이 결국 시간과 에너지를 줄이는 최선의 방법이다.

이런 유익에도 불구하고 현장에서 팀장의 코칭 활동은 잘 일어나지 않는다. 엑스퍼트컨설팅의 HRD연구에 의하면, 코칭하지 않는 첫 번째 이유는 시간이 없기 때문이다. 팀장은 항상 시간이 부족하다. 이것저것 챙길 것이 많다. 보고할 사항도 많다. 실적과 관련된 팀이라면 실적달성을 위해 고객사와 협력사를 만나고 여러 일들을 조율해야 한다. 하루 24시간이 모자라는데 코칭을 할 시간이 없다. 팀원이 스스로 문제를 깨닫고 동기부여를 갖고 일을 잘 처리하도록 기다려주고, 배려해주어야 하는데 그럴 시간적 여유가 없는 것이다.

바쁜 팀장은 코칭이 아닌 지시를 선택한다. 하지만 좀 더 솔직히 말하면 팀장이 시간이 없다는 것은 핑계이다. 단지 지시가 편하기 때문이다. 지시를 선택하면 바로 반응이 나온다. 그러나 지시는 단기적으로 유익이 될지는 몰라도 팀장, 팀원 모두에게 성과와 성장을 가져다주지는 못한다.

두 번째 이유는 다 아는 처지에 뭔 할 말이 있느냐며, 일대일로 이야기할 필요가 없다고 여기기 때문이다. 팀장은 스스로 팀원들에 대해 잘 안다고 생각한다. 그렇기에 자신의 눈빛만 봐도 팀원들이 알아줄 것이고, 본인 또한 팀원들을 척 보면 다 안다고 생각한다. 그래서 코칭을 군이 할 필요가 없다고 여긴다. 그러나 좀 더 솔직한 내면을 보면, 팀장으로서 팀원에 대한 관심의 깊이를 늘이고 싶지 않는 마음이 크다. 괜히 일대일로 이야기하다가 공적인 업무 외에 개인적인 부분까지 엮이게 되어 이런저런 마음고생을 할 것 같은 불안감이 앞서서 코칭하지 않는다.

세 번째 이유는 코칭의 효과가 별로 없다고 생각하는 데 있다. 코칭을 한다고 했는데, 팀원이 전혀 반응이 없거나 예상하지 못한 돌출반응이 나올까봐 우려하기도 한다. 괜히 쓸데없는 말을 꺼내 그런대로 괜찮은 관계가 망가지고, 팀원에게 상처만 주는 것은 아닐까라는 두려움이 밀려온다. 그러나 엄밀히 말하면 팀장은 코칭을 제대로 이해하지 못하고 적절한 방법을 알지 못하기에 코칭이 실패할 것을 더 크게 두려워한다.

코칭의 효과를
극대화하는 방법

관찰은 관심이고 사랑이다

코칭하기 위해서는 팀원에 대한 올바른 정보를 가져야 한다. 정보를 얻는 방법은 두 가지이다. 하나는 관찰이고 다른 하나는 질문이다. 관찰은 사물이나 현상을 주의하여 자세히 살펴보는 것으로 정의할 수 있다. 관찰은 정보를 얻는 데 유익하며, 그 정보는 새로운 의사결정을 하는 데 중요한 역할을 한다.

예를 들어보자. 어느 날 어린 여자아이가 자신에게 매일 맛난 음식을 해주는 것을 좋아하셨던 할머니가 더 이상 요리를 해주지 않자 이를 의아하게 생각해 할머니를 관찰했다. 할머니는 힘이 약해져 냉장고 문을 쉽게 열지 못했다. 요리가 하기 싫은 게 아니라 재료가 있는 냉장고의 문을 열기가 힘들었던 것이다. 아이는 깨달았다. 할머니가 요리를 해주지 않는 것은 자신을 사랑하지 않는 것도 아니고, 요리를 하기 싫은 것도 아니고, 냉장고의 문을 열기가 어려웠을 뿐이라는 것을 말이다.

아이는 그런 관찰을 통해 후에 세계적인 디자이너가 되어 노인들도 문을 쉽게 열수 있는 냉장고를 디자인했다. 나아가 노인들도 크게 힘들이지 않고 사용할 수 있는 주방용품을 디자인했다. 바로 유니버셜디자인의 개척자 패트리샤 무어Patricia Moore의 이야기다.

관찰은 그 대상에 대한 관심이고 사랑이다. 팀원을 관찰하는 일은 팀원에 대한 관심과 사랑의 표현이다. 관찰은 팀원에 대해 좀 더 알아가는 것이다. 팀장인 당신은 팀원들에 대해 얼마나 알고 있는가?

질문이 없으면 코칭도 없다

팀원에 대한 정보를 가질 수 있는 두 번째 방법인 질문은 코칭을 위한 매우 중요한 스킬이기도 하다. 질문은 코칭의 본격적인 시발점이 된다. 질문이 없으면 코칭도 없다. 이처럼 중요함에도 불구하고 팀장은 잘 질문하지 않는다. 아마도 우리나라 문화와도 연관된 것 같다. 많은 한국인이 질문 자체를 두려워하고 거부한다. 그러나 질문에는 엄청난 힘이 내재되어 있다. 도로시 리즈Dorothy Leeds가 쓴《질문의 7가지 힘》에는 질문의 힘을 아래와 같이 정리하고 있다.

1. 질문을 하면 답이 나온다.
2. 질문을 하면 생각을 자극한다.
3. 질문을 하면 정보를 얻는다.
4. 질문을 하면 질문자는 감정이나 상황을 통제한다.
5. 질문을 하면 상대방과 그의 말에 관심을 보여주는 것이므로 마음을 열게 한다.
6. 질문을 하면 상대방이 어떤 말을 할까 귀 기울이게 된다.
7. 질문에 답하면 스스로 설득이 된다. 질문을 통해 사람들의 마음을 특정한 방향으로 이끌 수 있다.

질문의 힘이 코칭의 내용이고 방법이다. 조직에서 팀장이 갖는 질문의 유익은 다음과 같이 크게 두 가지다.

첫째는 팀원 스스로 문제점을 파악할 수 있다. 적절한 질문을 하면 팀원은 자신의 생각을 정리할 필요성을 갖는다. 그리고 답을 찾고자 노력한다. 팀원 스스로 어떤 문제점을 갖고 있는지, 왜 그

것이 해결되지 않는지, 그리고 그것을 해결하기 위한 최선의 방법은 무엇인지, 나를 도와줄 사람은 누구인지 스스로 엄청난 정보탐색을 하게 된다.

둘째는 팀장이 문제점에 기반해 팀원을 도와줄 사항들을 파악할 수 있다. 적절한 질문은 팀원에게도 유익하지만 팀장에게 더 많은 유익을 준다. 질문을 통해 팀원이 처한 현재 상황과 감정을 파악하고 통제할 수 있다. 그리고 팀원이 가진 문제점과 고민에 대한 정보를 얻게 되고, 필요한 경우에는 팀장이 문제점을 일깨워주어 팀원 스스로 해결할 수 있는 기회를 제공할 수도 있다.

폐쇄형 질문 vs 개방형 질문

그런데 막상 질문하려고 하면 어떤 질문을 해야 하는지 잘 떠오르지 않는다. 여러분 스스로 팀원과 미팅한다고 가정하고 질문을 만들어보라. 아마도 질문을 10개 이상 만들지 못할 것이다. 종종 담당자들한테 팀원을 코칭하기 위한 질문지를 만들어보라고 하면 10개 이상을 적어내는 경우가 많지 않다. 그만큼 우리가 평소에 쓰는 단어가 한정되어 있고, 더구나 질문을 위한 단어나 문장의 조합이 어렵기 때문이다.

질문을 위해 평소 꾸준히 메모하고 연습해야 한다. 책이나 TV

등에서 좋은 질문의 유형을 보면 내 것으로 적용해서 새롭게 만들고 연습하는 것이 필요하다.

질문의 스킬은 폐쇄형 질문과 개방형 질문 두 가지로 정리해볼 수 있다. 폐쇄형 질문은 응답자로 하여금 '예, 아니요'나 '특정 단답'을 하도록 이끄는 질문이다.

예를 들면 아래와 같다.

"당신은 이번 프로젝트가 맘에 듭니까?" (예, 맘에 듭니다.)
"보고서 작성은 끝났습니까?" (아니오)
"회의는 몇 시에 시작합니까?" (오후 2시부터입니다.)

폐쇄형 질문은 신속한 정보나 답을 원할 때 유용하다. 그러나 폐쇄형 질문을 통해 얻을 수 있는 정보는 극히 제한적이다. 팀장이 얻고자 하는 정보를 충분히 얻지 못한다. 또한 폐쇄형 질문은 응답자의 사고를 자극하지 못한다. 응답자 역시 좀 더 다양한 정보나 해답의 선택지를 탐색하지 못한다.

개방형 질문은 '예, 아니오'로 대답을 요구하지 않고, '특정한 단답'을 원하지도 않는다. 그렇기에 개방형 질문은 응답자의 사고를 적극적으로 자극해 다양한 각도에서 답을 찾도록 하며 적극적으로 정보탐색을 하도록 이끈다. 아울러 폐쇄형 질문은 잘못하면 취조하는 느낌을 줄 수 있는 반면, 개방형 질문은 상대방에게 부담

감보다는 편안함을 주기에 스스럼없는 대화가 이어질 가능성도 높아진다. 개방형 질문을 잘하고 싶다면 '어떻게, 무엇을, 어떤 이유' 등의 사항을 적절히 추가하면 좋다.

폐쇄형 질문: "도와줄까?"
개방형 질문: "무엇을 도와줄까?"

폐쇄형 질문: "영화 재미있었어?"
개방형 질문: "영화 어땠어?"

폐쇄형 질문: "지금까지 일이 안 끝났어?"
개방형 질문: "지금까지 일이 끝나지 못한 이유가 무엇이니?"

하지만 무조건 폐쇄형 질문은 나쁘고 개방형 질문은 좋다는 것은 아니다. 두 가지 질문을 잘 활용하면 좋다. 일반적으로 폐쇄형 질문과 개방형 질문의 비율을 2:8이나 3:7 정도로 하면 좋다. 폐쇄형 질문은 대화의 방향성을 잃거나 초점이 흐려질 때 사용하면 좋다. 또한 응답자의 말을 한 번 정리해서 재확인할 때도 유용하게 사용될 수 있다.

"지금 김 대리는 이 주임 때문에 보고서가 계획보다 지체되고 있다는 말이네요, 맞죠?"

– 폐쇄형 질문으로 팀원의 의견을 재확인한다.

"지금은 그 주제에 대해 논의할 사항이 아닌 것 같은데요, 그렇지 않나요?"

– 폐쇄형 질문으로 주제의 방향을 정리한다.

적절한 질문은 다양한 힘과 유익을 가져다준다. 탁월한 팀장이되기 위한 적절한 질문을 준비해보자.

팀장의 피드백 유형 4가지

코칭의 핵심은 피드백이다

코칭에는 다양한 스킬이 요구되지만 핵심은 피드백에 있다. 일 잘하는 팀원을 붙잡아두는 방법은 여러 가지가 있다. 보통 회사에서는 좋은 인재를 확보하고 붙잡아두기 위해 연봉을 올려주거나 승진을 시켜주는 등 성과에 맞는 보상을 준다.

그것도 물론 중요하지만 책 서두에도 말했듯이 새로운 세대들의 특징 중 하나는 성장에 대한 욕구이다. 팀원들이 회사를 다니며 가장 보람 있다고 느낄 때는 조직으로부터 칭찬과 인정을 받을 때이다. 팀장의 피드백을 통해 성장하고 발전하는 자신의 모습을 확인할 때 팀원들은 팀에 충성도를 높인다.

피드백의 유형 4가지

2003년 3월 미국의 창조적 리더십 센터의 설문에 의하면, 팀원의 50퍼센트가 상사로부터 피드백을 좀 더 원하고 있고, 56퍼센트는 상사로부터 피드백을 받는 데 어려움이 있으며, 단지, 22퍼센트만이 상사로부터 정기적으로 피드백을 받고 있다고 했다. 리차드 윌리엄스Richard Williams는《Tell me how I'm doing》에서 피드백을 크게 다음 네 가지로 정의했다.

첫 번째는 '지지적 피드백 Supportive Feedback'이다. 지지적 피드백은 상대를 지지 또는 응원하는 것이다. 상대방의 견해를 존중하고, 배려하고, 격려하는 피드백이다. 지지적 피드백의 대표적인 모습은 '인정과 칭찬'이다. 상대방이 긍정적인 행동을 계속 이어나갈 수 있도록 지지하고 응원하는 것이다. 지지적 피드백은 상대방에게도 유익을 주지만, 상대방이 피드백을 주는 사람을 신뢰하게 만드는 강력한 역할도 한다. 그렇기에 가장 효과적인 동기부여의 수단이 된다.

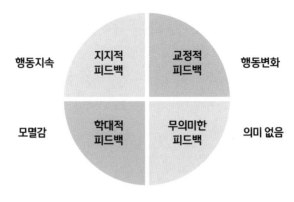

[그림 5-1] 피드백의 네 가지 종류

두 번째는 '교정적 피드백 Corrective Feedback'이다. 교정적 피드백은 기존의 관계나 모습을 더 발전시키고 개선하는 데 유용하다. 발전과 개선이 필요한 사람들과의 관계에서 교정적 피드백은 반복되는 실수나 잘못 등을 적절하게 고쳐나갈 수 있다. 교정적 피드백은 실제 성과향상에서 큰 역할을 해낸다. 때론 지지적 피드백이할 수 없는 공백을 교정적 피드백을 통해 훌륭하게 보완해나갈 수있다. 지지적 피드백이 상대방의 장점을 기반으로 했다면, 교정적피드백은 상대의 단점을 기반으로 하는 피드백이라고 할 수 있다. 그렇기 때문에 이를 잘못 적용하면 상대방에 대한 비난이나 비판이 될 수 있다. 그래서 상대의 가치관, 선호, 뒤엉킨 상황 등이 아닌, '구체적 행동'에 대해서 피드백을 주어야 한다.

셋째는 '학대적 피드백Abusive Feedback'이다. 사실 조직 내 가장 많은 피드백의 모습이기도 하다. 본인도 모르는 사이에 다른 사람들에게 상처와 좌절을 주는 이 학대적 피드백은 우리 주위에 너무나도 만연하게 행해지고 있다. 이 피드백은 기본적으로 비난, 무시, 경멸, 비교의 의도가 깔려 있다. 학대적 피드백은 듣는 사람의 자존심과 자존감에 상처를 준다. 결국 피드백을 주는 사람에 대한 신뢰감도 상실하게 만들고 관계는 상처, 미움, 좌절, 갈등만을 낳게 된다.

넷째는 '무의미한 피드백Insignificant Feedback'이다. 말 그대로 의미가 없는 피드백으로 상대에게 아무런 영향도 주지 못한다. 아무런 의미도 없는 피드백은 어떤 면에서 학대적 피드백보다도 더 학대적이다. 무의미한 피드백은 관계를 형식적인 차원으로 전락시킨다. 뿐만 아니라 관계의 발전과 개선은 커녕, 그저 관계를 타성에 젖게 하고 따분함, 지겨움만을 지속시킨다. 행복한 삶과 즐거운 일터를 위해서는 학대적 피드백과 무의미한 피드백은 지양해야 한다.

팀원을 성장시키는 피드백 스킬

지지적 피드백을 위한 'CAN' 공식

사실 팀장의 위치에 있을 때는 팀장이 행하고 말하는 모든 것이 피드백이 될 수 있다. 즉 일상의 모습에서 의식적이든 무의식적이든 팀원에게 피드백을 준다. 생각 없이 가볍게 하는 피드백이나 잘못된 피드백은 팀원들에게 아무런 도움을 주지 못할 뿐만 아니라, 도리어 관계를 손상시키기 쉽다. 무수한 피드백들이 효과를 발휘하지 못하는 이유 중 하나는 피드백의 대부분이 무의미한 피드백이거나, 교정적 피드백을 줘야 할 순간에 학대적 피드백을 주기 때문이라는 윌리엄스의 조언을 되새길 필요가 있다.

일반적으로 피드백이라고 하면 지지적 피드백보다는 교정적 피드백을 떠올린다. 뭔가 잘못된 것을 바로 잡아야 한다는 생각이 더 크기 때문이다. 그 때문에 지지적 피드백을 소홀하기 쉽다. 그러나 지지적 피드백만으로도 교정적 효과를 보는 경우가 많다. 칭찬과 격려만으로 기존의 잘하던 것은 더 잘하도록 이끌고, 기존에 교정이 필요했던 부분들까지도 스스로 변화를 일으키게 하기 때문이다.

우리는 종종 "잘하셨습니다"라는 말을 피드백으로 제공하기도 하는데, 이는 어떻게 보면 무의미한 피드백이 될 수 있다. "잘하셨습니다", "좋습니다"라는 말로는 듣는 사람이 자신의 행동과 피드백 사이의 연관성을 찾기가 어렵기 때문이다.

지지적 피드백을 효과적으로 하기 위해서는 다음의 CAN의 방법을 사용해보자.

C(Catch): 먼저 칭찬할 기회를 포착한다.
A(Action): 두 번째로 구체적 행동을 칭찬한다.
N(Nutrition): 마지막으로 그 행동이 나와 조직에게 미친 영양營養
을 말해준다.

예를 들어서, 칭찬을 해줘야 할 팀원이 생겼을 때는 적절한 시점과 장소를 선택한다.

"김 대리, 나 좀 잠깐 볼까?"

→ Catch: 칭찬할 기회를 포착

"지난 몇 주 동안 나를 정말 열심히 도와 준 것 잘 알고 있어. 특히 보고서에 거래 내용을 자세히 기재해 주어서, 비용을 정확하게 파악하고 한결 쉽게 이사님의 승인을 받았어."

→ Action: 구체적 행동

"정말 고마워. 덕분에 시간도 절약되었고, 이사님의 승인도 쉽게 얻게 되어서 우리 팀의 다음 프로젝트 진행에도 큰 도움이 될 것 같아."

→ Nutrition: 나와 조직에 미친 영양

위의 대화처럼 지지적 피드백에서는 '행동Action'과 '영양Nutrition'을 함께 칭찬한다. '행동'과 '영양'이 모두 반복되기를 바라기 때문이다. 반면 교정적 피드백은 앞에서도 언급한 것처럼, 기존의 관계나 모습을 발전시키고 개선하는 데 사용된다. 교정적 피드백은 현장에서 성과향상에 있어서 큰 역할을 해내는 것이 사실이다. 교정적 피드백의 핵심은 교정, 즉 변화가 일어나야 한다는 것을 기억하자.

교정적 피드백을 위한 AI²D 공식을 외워라

예를 더 들어보자. 팀장이 당신에게 이렇게 말한다고 가정해보자.

"나는 김 대리 당신 때문에 화가 나."

"당신 정말 실망이야."

"나는 김 대리 당신이 걱정이야."

이런 말을 들었다면 어떤 반응을 보이겠는가? "혹시 제가 무슨 잘못을 했나요?"라고 물어볼 가능성이 높다. 왜냐하면 뜬금없이 팀장이 자신의 기분을 말했기 때문이다.

즉, 합리적인 대화가 가능하려면 감정만을 얘기해서는 충분하지 않다.

변화를 이끌기 위한 대화에서는 다음 네 가지가 있어야 한다. ① 팀장 본인이 불편해하는 수용하기 힘든 행동에 대해 간략하게 말한다. ② 팀장의 솔직한 느낌이나 감정을 말한다. ③ 김 대리의 행동이 팀장에게 미친 영향 또는 결과를 말한다. ④ 마지막으로 김 대리의 행동이 어떻게 변화되었으면 하는지 요구desire해야 한다.

먼저, 김 대리가 "혹시 제가 무슨 잘못을 했나요?"라는 질문을 하기 전에 팀장은 김 대리가 행한 어떤 행동이나 태도를 수용할 수 없음을 명확히 알려줘야 한다. 그러나 이 메시지는 비판이나 비난이 아닌, 사실 위주로 간략히 말하는 것이 좋다. 둘째로, 김 대리의 수용하기 힘든 행동으로 팀장이 느낀 감정을 담담하고 솔직하게 표현한다. 셋째로, 김 대리의 행동이 변화되기를 원하는 데에 합리적인 이유가 있다는 것을 전달하기 위해서는 그 행동의 영향 또는 결과를 말해줄 필요가 있다. 마지막으로 김 대리에게 변화의 내용을 요구해야 한다.

교정적 피드백은 행동, 느낌, 영향, 요구와 같이 네 가지로 구성된다. 여기에서 행동, 감정, 효과는 순서가 바뀌어도 상관없다. 교정적 피드백 공식은 AI^{2}D로 외우자. AID는 영어로 '돕다, 촉진하다, 원조하다'의 뜻을 가진다.

- **A(Action)**: 교정이 필요한 행동을 언급한다.
- **I(Impression)**: 그 행동에 대한 느낌이나 감정을 말한다.
- **I(Impact)**: 그 행동이 나와 조직에게 미치거나, 미칠 영향을 설명한다.
- **D(Desire)**: 그에 따른 변화의 요구를 말한다.

예를 들어 이번 주 들어 세 번이나 지각하는 팀원이 있을 때 다음과 같이 교정적 피드백을 해보자.

- **A:** "김 대리, 이번주에 월, 화, 수 3일 연속 15분이나 지각했어."
- **I:** "김 대리가 3일 연속 지각해서 나는 김 대리에 대한 신뢰가 무너지고 있고, 우리 팀을 무시한다는 생각이 들어."

- I: "김 대리의 그런 행동으로 우리 팀은 제때 회의를 시작하지 못해 팀 성과에도 부정적인 영향을 끼칠 수 있어."
- D: "내일부터는 정확한 출근시간을 지켜주겠어?"

반드시 통하는 피드백 원칙 5가지

제1원칙 : 신뢰를 확보하라

앞에서도 언급했지만 지지적 피드백만으로도 상당 부분 교정의 모습을 가질 수 있다. 그럼에도 변화가 일어나지 않을 경우, 교정적 피드백을 사용해야 한다. 효과적인 교정적 피드백을 위한 몇 가지 팁을 제안한다.

첫째, 신뢰를 확보하라. 교정적 피드백에서 가장 먼저 확보해야 할 것은 신뢰이다. 많은 피드백을 팀원에게 주지만 변화가 일어나지 않는 경우가 있다. 왜 그럴까? 팀장의 피드백 방법이 잘못된 것일까? 팀원의 이해력이 떨어지는 것일까? 그럴 때 가장 먼저 확인해봐야 할 것은 팀장인 나와 팀원 간의 신뢰에 기초한 피드백통에 구멍이 난 것은 아닌지 확인해야 한다. 피드백통에 구멍이 나면 아무리 좋은 피드백이라도 효과가 발생되지 않는다. 아무리 좋은 피드백도 계속 빠져나간다. '팀장님 본인은 제대로 일하지도 않으시면서, 왜 나한테만 제대로 하라고 고집하시지? 이해가 안 되네…', '이걸 제대로 해내면 팀장님만 좋은 일 아닌가? 난 또 이용만 당하라고? 그렇게는 못하겠는데?'. 팀원들에게 이런 감정들이 생겨난다면 더 이상의 피드백은 무의미하다.

내가 본부장으로 있을 때, A팀장의 모습은 독특했다. 다른 팀장들처럼 팀원들에게 존대어를 사용하지도 않았다. 어떤때는 욕처럼 들리는 거친말을 내뱉곤 했다. 피드백은 거칠고 투박하기 그지없었다. 피드백 이론상으로 보면 낙제점이었다. 그런데 그의 말에는 힘이 있었다. 팀원들은 그의 말이면 모두 따랐고, 좋아하고, 존경했다.

난 그 팀장의 비밀이 궁금했다. 답은 신뢰였다. 팀원들은 A팀장의 속마음을 알았다. 팀장은 자기들을 위해 헌신하고, 때론 방어막이 되어주고, 팀원들이 제대로 팀 내에서 안착하고 성장하기를 진정으로 바랐다. 팀원들은 팀장에 대한 신뢰가 매우 높았기에 그의 거칠고 투박한 말은 방해가 되지 않았다. 팀장에 대한 신뢰가 막강하다면, 피드백통이 튼튼하다면 팀장의 피드백은 엄청난 힘을 발휘하게 된다.

제2원칙 : TPO를 고려하라

피드백을 할 때는 시간Time과 장소Place, 그리고 상황Occasion을 고려해야 한다. 팀장은 피드백을 제공할 때, TPO에 대한 전반적인 생각을 동물적 감각으로 인지해야 한다. 당연히 TPO는 피드백을 받는 팀원 중심으로 생각해야 한다. 아무리 바람직한 피드백이라고 해도, 팀원이 준비가 안 된 상황이라면 효과적인 피드백의 결과를 가져올 수 없다. 상대방의 시간과 장소, 상황을 살펴야 한다.

내가 막 새롭게 팀을 맡았을 때의 일이다. 팀원인 오 대리가 계속 지각을 하고, 근무태도도 계속 나빠져서 몇 번 교정적 피드백을 주었다. 그래도 변화가 잘 일어나지 않았다. 그 팀원에 대해 어떻게 해야 할지 고민이 점점 깊어지고 있을 때, 다른 팀의 B팀장이 나에게 살짝 귀띔을 해주었다. 오 대리의 어머니가 위암 2기라는 것이다. 홀어머니 밑에서 자란 오 대리가 엄청 효자이며, 요즘 병수발로 많이 힘들어 한다는 것이었다. 일 처리가 꼼꼼했고, 자존심이 강한 친구라 속사정을 표현하지 않았을 뿐이었다.

괜히 미안한 마음이 들었다. 내가 상황을 좀 더 고려해서 피드백을 했다면 훨씬 효과적이었을 텐데 하는 생각이 들었다. 오 대리의 입장에서는 나의 피드백이 상황적으로 받아들이기 힘든 피드백이었던 것이다. 얼마 후 오 대리의 어머니는 수술을 잘 받았고, 시집간 누나가 어머니를 모시게 되었다는 소식을 접했다. 물론 오 대리는 상황이 나름 정리된 이후에는 팀장인 나의 피드백을 거부감 없이 받아들이며, 전과 같이 열정적으로 일해주었다.

제3원칙 : 추상적인 피드백을 피하라

교정적 피드백의 핵심은 교정을 원하는 부분에 대해 구체적으로 이야기하는 것이다. 교정적 피드백의 공식 AI²D에서 말한 것처럼, 구체적인 것에 집중해야 한다. 대충 뭉뚱그려 추상적으로 피드백하면 망하는 지름길이 된다.

"김 대리는 항상 마감이 늦어!"라고 추상적으로 말하는 것이 아니라, "김대리, 이 보고서의 제출이 지난 달 말까지였는데, 오늘이 3일이니 마감일보다 3일 늦었네요"라고 되도록 구체적으로 말해야 한다.

첫 대화를 보면 '항상'이라는 단어가 있다. 이것도 추상적인 피드백이 된다. '항상', '최근', '요즘'과 같은 말들은 대표적인 추상적 표현이므로 피해야 한다.

정확한 시간을 말해주는 것이 좋다. "김 대리는 최근 자주 늦어"

라고 추상적으로 피드백하는 것이 아니라, "김 대리는 지난주 화, 금에 업무시작 시간보다 30분 이상 지각을 했는데 무슨 일이 있는 거야?"라고 구체적으로 말해주어야 한다. 이런 피드백이 가능하려면 어떻게 해야 할까? 감정으로 피드백하는 게 아니라, 데이터와 사실에 기반한 피드백을 줘야 한다. 그렇기에 팀장은 팀원들을 잘 관찰하고, 적절한 데이터를 축적해놓는 것이 중요하다.

제4원칙 : 피드백 대상은 하나의 주제로

팀장이 팀원에게 피드백을 줄 때 조심해야 할 것은, 하나의 주제에 대해서만 피드백하는 것이다. 팀원의 여러 문제행동을 한 번에 교정하려고 하면 효과를 보기 어렵다. 팀장들은 잘잘한 문제행동을 기억해두었다가, 한번 교정적 피드백을 할 때 몰아서 하려는 경향이 있다. 그렇게 되면 팀원의 입장에서는 왜 그때 지적하지 않고, 기억도 잘 나지 않는 것을 갖고 이번에 이렇게 크게 꾸중을 들어야 하는지 불만을 갖게 된다. 또한 지금 교정해야 할 문제행동의 비중이 작아지면서 현재의 교정행동을 간과할 가능성도 높아진다. 몰아서 여러 가지를 피드백하면, 팀원들은 평소에도 혹시나 하는 생각에 자기의 행동이나 생각에 급격한 브레이크를 걸게됨으로써, 팀의 성과에도 부정적인 영향을 끼치기 쉽다.

제5원칙 : 긍정적 피드백과 부정적 피드백을 섞지 마라

제5원칙은 긍정적(지지적) 피드백과 부정적(교정적) 피드백의 균형이다. 즉, 긍정적 피드백 세 번에, 부정적 피드백 한 번 정도 하면 좋다. 그런데 이것은 피드백 전체를 놓고 이해해야 한다. 간혹 팀장의 입장에서, 팀원들이 혹 팀장의 피드백에 상처를 입지는 않을까 해서 긍정적 피드백을 한참 이야기한 이후에, 교정적 피드백을 하는 경우가 많다. 또는 교정적 피드백 이후에 긍정적 피드백을 과도하게 첨부하는 경우도 있다.

그러나 나의 경험상으로는 과도한 긍정적 피드백으로 교정의 효과가 묻히는 경우가 허다하다. "김 대리는 이번 달 우리 본부 전체 영업실적이 꼴찌야, 금년에만 3연속이야. 그 때문에 우리 팀도 본부평가에서 C를 받았네"라고 마무리해야 하는데, "그래도 난 김 대리가 인간적으로는 제일 좋아, 항상 성실하잖아"라고 이렇게 어정쩡한 칭찬으로 물 타면 팀장이 원래 의도한 '영업에서 실적을 내기 원하는' 교정적 피드백의 효과는 반감한다.

교정적 피드백을 줄 때는 교정적 피드백 중심으로, 긍정적 피드백을 줄 때는 긍정적 피드백 중심으로 피드백을 야무지게 하는 게 바람직하다.

✏ 코치형 리더는 팀원 스스로 책임지도록 돕는다. 팀을 이끄는
당신이 코치형 리더가 되려고 할 때 가장 큰 장애는 무엇인가?

_____

_____

_____

_____

_____

✏ 피드백은 지지적 피드백, 교정적 피드백, 학대적 피드백,
무의미한 피드백, 네 가지 종류가 있는데, 팀장인 당신은 어떤
피드백을 가장 많이 사용하고 있는가? 그 이유는 무엇인가?

_____

_____

_____

_____

_____

_____

✏️ 본문에서 언급한 효과적인 피드백 외에, 팀장인 당신이 사용했을
때 효과가 있었던 피드백 이 있다면 무엇인가?

_____

_____

_____

_____

_____

_____

_____

_____

_____

_____

_____

_____

Chapter.6

팀장은
팀원을 쉽게
포기해서는 안 된다
_갈등관리

조직 내 갈등을 바라보는 패러다임을 바꿔라

죄수의 딜레마에 빠진 철수와 미미

비가 억수로 쏟아지는 밤, 철수와 미미는 긴급 체포되었다. 공범인 철수와 미미는 혹시 붙잡히더라도 절대 자백하지 말자고 굳게 약속했다. 철수와 미미를 검거한 경찰은 이들의 범죄를 입증할 다른 증거를 찾지 못해 난감해했다. 이에 베테랑 형사 서도철이 나섰다.

"이제부터 각각 취조실에서 조사받을 텐데, 자백한 사람은 형을 감경하겠지만, 부인하는 사람은 가중처벌하여 법정 최고형을 살도록 하겠다."

철수와 미미는 각각 다른 방에서 조사를 받았다. 철수와 미미는 서로 자백하지 않으면 증거가 없기에 풀려날 수 있었다. 그러나 철수는 다른 방에서 조사받는 미미가 먼저 자백할 경우, 가중처벌 받을 것이 두려워 결국 자백했다. 미미도 철수와 같은 생각을 했다. 철수와 미미는 상대방이 먼저 약속을 지키지 못할 것이라는 생각에 범죄를 자백했다. 철수와 미미는 3년형을 선고받았다.

이것이 그 유명한 죄수의 딜레마이다. 죄수의 딜레마가 발생하는 근본적인 이유는 우리의 이익을 생각하기보다는, 나의 이익만 생각하기 때문이다. 우리는 나도 이익을 얻고, 상대방도 이익을 얻는 'Win-Win 해결안'을 가질 수 있다. 그럼에도 우리는 종종 'Lose-Lose의 해결안'을 선택한다.

갈등의 6가지 관계 패러다임

팀을 운영하는 팀장은 종종 갈등상황에 직면한다. 팀장과 팀원 간의 갈등, 팀원들 간의 갈등, 다른 팀과의 갈등 등 다양한 형태의 갈등상황을 보고 겪는다.

갈등의 사전적 의미를 보면, 두 가지 이상의 목표나 동기, 정서가 서로 충돌하는 현상을 말한다. 갈등이란 한자를 보면 칡葛과 등나무藤라는 뜻으로, 칡과 등나무가 얽히듯이 일이나 사정 등이 복잡하게 뒤얽혀 화합하지 못하는 모양을 말한다.

갈등과 관련된 이론에서 갈등의 유익한 면을 강조하기도 하지만 실제 경험으로 보면 갈등의 유익은 별로 없는 것 같다. 갈등이 해결되어도 상처와 흔적은 남는다. 갈등은 개인이나 조직에 비생산적이고, 관계를 파괴하며 값비싼 대가를 요구한다.

많은 연구에서 개인이나 조직에 갈등이 없는 것은 불가하며 갈등은 필연적인 것이라고 주장한다. 그렇다면 우리에게 남아 있는 선택은 그 갈등을 최소화하고 해소하여 좋은 에너지로 활용하는 것이다.

개인이 조직을 떠나는 경우는 대부분 조직에서 갖는 사람들과의 문제, 즉 갈등 때문이다.

팀장과 팀원도 다양한 인간관계 중 한 모습이다. 갈등을 어떻게 처리하는가에 따라 팀의 성과는 다양한 결과를 갖게 될 것이다. 이것은 상호작용에 의한 것이다. 스티븐 코비Stephen R. Covey는《The Seven Habits of Highly effective people》에서 인간관계의 상호작용을 다음 6가지로 분류했다.

① 나도 이기고 상대방도 이기는 승승 패러다임

승승 패러다임은 나도 이기고 상대방도 이기는 패러다임이다. 이 패러다임은 상대방과의 관계에서 서로에게 모두 이익을 추구하는 패러다임이다. 승승이라는 것은 합의나 해결안이 당사자 모두에게 유익하고, 만족을 주는 것을 말한다. 승승 패러다임은 나와 상대방 모두가 합의나 해결안에 대해 기분 좋게 느낄 뿐만 아니라, 합의의 구체적 실행계획에 대해서도 기꺼이 동의한다. 승승 패러다임은 상대방을 경쟁자로 인식하지 않고, 협력과 파트너의 대상으로 본다. 또 상대방과 함께 추구하는 목표나 과실이 나와 상대방 모두에게 돌아갈 만큼 넉넉하고 여유롭다고 생각한다. 즉, 나의 성공이나 승리가 상대방의 실패나 패배에 기초하거나 상대방의 기회나 이익을 박탈하지 않는다고 생각한다. 승승 패러다임은 제3의 더 좋은 해결방안이 있다고 생각한다.

② 나는 이기고 상대방은 지는 승패 패러다임

승패 패러다임은 나는 이기고 상대방은 지는 패러다임이다. 하나의 목표나 결과물을 놓고 경쟁시키는 패러다임이 여기에 해당된다. 따라서 이것은 "내가 이기면 당신은 진다"라는 제로섬 사고방식이다.

리더십 스타일에서 승패 패러다임은 권위주의적인 모습이다. "나는 내 마음대로 한다. 너는 내 방식대로 따라 와야 한다"라는 사고가 밑바탕에 있기 때문이다. 이 경우는 상대방의 기회나 이익을 희생시키는 대신에 나의 기회나 이익을 관철시키는 방식을 강요한다. 나의 니즈는 충족되지만, 상대방의 니즈는 무시된다. 나의 해결방안이 압도한 반면, 상대방의 방안은 거부한다.

승패의 패러다임을 가진 사람은 자기 방식대로 하기 위해 지위

나 권력, 지식, 배경 등을 동원한다. 이 관점에서 내리는 결정은 대부분 일방적 의사결정, 권위주의적 의사결정, 리더 중심의 의사결정이 된다.

대부분의 사람들은 승패 패러다임에 익숙하다. 그 경우 가치판단은 스스로가 하기보다는 타인의 시선이나 기준에 따라 좌우되는 경우가 많다. 다시 말하면 다른 누군가와 비교하여 의사결정을 하기 쉽다. 경쟁이 심하고 신뢰감이 결여된 상황에서도 승패 패러다임이 나타나기 쉽다.

그러나 조직의 대부분은 상호의존적인 관계이다. 그리고 우리가 원하는 성과달성은 대부분 나와 다른 사람들 간의 협력 안에서 달성된다. 하지만 승패 패러다임은 이와 같은 협력이나 갈등해결에 대해 역기능적인 역할을 한다.

③ 나는 지고 상대방은 이기는 패승 패러다임

나는 지고 상대방은 이기는 패러다임이다. 즉, "나는 졌고, 네가 이겼다" 또는 "난 실패자야, 난 항상 실패만 해"라는 사고방식이 밑바탕에 있다. 어떻게 보면 패승 사고는 승패 사고보다 더 나쁜 결과를 가져온다. 이런 패러다임은 명확한 기준이 없다. 그렇기에 건전한 욕심이나 요구, 기대나 희망도 없어 보인다. 패승으로 생각하는 사람들은 보통 남을 기쁘게 하고, 양보하기 바쁘다. 이들은 남들의 비위를 맞추기에 급급하다. 이 패러다임의 사람들은 자기 자신의 감정이나 생각 등을 자신 있게 표현하지 못한다. 또한 상대방의 자기중심적 힘에 의해 쉽게 겁을 먹는다.

갈등에서 패승 패러다임은 상대방에게 양보하거나 포기하는 굴복으로 보인다. 리더십 스타일에서 이것은 방임적 행동이나 방종으로 비쳐진다. 그러나 패승 유형의 사람이 갖는 문제는 자기 자신이 가진 많은 감정을 그대로 묻어둔다는 사실이다. 표현되지 않은 감정은 결코 사라지지 않는다. 이러한 감정은 살아있는 채로 묻혀 있다가 나중에 더욱 지저분한 방식으로 나타나기 마련이다. 부적절한 분노, 사소한 자극에 대한 과도한 반응, 비꼬는 버릇 등은 억눌렀던 감정들이 또 다른 형태로 나타난 것이다.

④ 나도 지고 상대방도 지는 패패 패러다임

나와 상대방 모두가 패하는 패러다임이다. 단호하고 완고하고 자기중심적인 사고가 강한 두 사람이 서로 만나면 결과는 패패로 끝나기가 쉽다. 이 경우 상대방의 행동은 결과에 너무 집착한 나머지, 자기 자신을 망치더라도 상대방을 반드시 패배시켜야 하는 욕구가 강하다.

패패 사고방식은 대표적인 적대적 갈등의 패러다임이다. 패패 패러다임은 자신의 내면에 아무런 방향을 갖지 못하는 불쌍하면서도, 매우 의존적인 사람들이 갖는 패러다임이다. 올바르고 독립된 방향성을 갖는 것이 아니라, 상대방에 따라 크게 의존하는 경향을 갖는다. 즉, "누구도 승자가 되지 못할 바에야, 모두가 망하는 것이 낫지 않겠어?"라는 사고방식이다.

⑤ 나만 이기는 승 패러다임

승 패러다임은 단지 이기는 것만 생각하는 사람에게 맞는 사고 방식이다. 이런 패러다임을 가진 사람은 다른 누군가가 반드시 패배해야 한다고 생각하지는 않는다. 이들은 상대방의 승이나 패에 관심이 없다. 이들이 중요하게 생각하는 것은 오로지 자신이 원하는 것을 얻는 것이다.

승 패러다임은 조직 내 갈등상황에서 가장 흔히 나타나는 모습이다. 승 패러다임을 갖고 사는 사람은 자기 목적이 안전하게 성취되기를 원하고, 상대방도 그의 목적이 안전하게 성취되도록 내버려둔다. 승을 향한 각자도생의 패러다임이다.

⑥ 쌍방이 이기거나 무거래인 승승 혹은 무거래 패러다임

나와 상대방 모두가 동의할 수 있는 해결방안을 찾을 수 없다면, 승승보다 차원이 더 높은 승승 혹은 무거래를 목표로 할 수도 있다. 무거래 패러다임이 의미하는 것은, 나와 상대방 모두에게 이익이 되는 해결안을 찾아내지 못한다면, 우리가 갖는 생각과 목표가 서로 다르다는 점에 기꺼이 동의한다는 것이다. 즉, 상호작용을 하지 않는 것을 의미한다.

그렇게 되면 어떤 기대도 일어나지 않게 되고, 어떤 약속이나 계약도 성립되지 않는다. 왜냐하면 우리가 가진 생각과 목표가 서로 다르다는 것이 확실하기 때문이다. 두 당사자가 나중에 실망과 좌절을 겪는 것보다 차라리 미리 사실을 깨닫는 것이 더 낫다는 것을 인정하는 것이다.

만일 우리가 진정한 승승 해결책에 도달하지 못한다면, 무거래 패러다임을 선택하는 것이 더 나을 수도 있다.

가장 바람직한 패러다임은?

과연 최선의 패러다임은 무엇인가? 인간관계에서 정답이란 있을 수 없으며 최선의 선택이란 주어진 실제적인 상황에 달려 있다. 그렇기에 중요한 것은 실제적인 상황을 정확하게 파악해 유연하게 대처하는 것이다. 그러나 앞에서도 언급했지만, 인간관계나 조직생활의 대부분은 상호의존적 관계이다. 따라서 갈등해결의 가장 바람직한 패러다임은 나도 이기고 상대방도 이기는 승승 패러다임이다.

그 이유를 예를 들어 설명해보겠다. 먼저 승패 패러다임은 좋은 패러다임이 될 수 없다. 왜냐하면 내가 상대방과의 관계에서 일단은 승리한 것처럼 보일지 모르지만 패배를 당한 상대방의 감정,

태도, 그리고 관계 등은 부정적으로 바뀐다.

만약, 팀장인 내가 보고할 중요한 일이 생겼는데, 내가 팀원의 자료를 이용해서 만들어 보고했다고 하자. 상사는 공식석상에서 나를 엄청 칭찬할 것이다. 그런 상황에서 당장은 내가 원하는 것을 얻겠지만 이 사실을 안 팀원은 속상해하고, 억울해할 것이다. 팀원은 얻은 게 없기 때문이다.

다음번에는 어떻게 될까? 팀원은 절대 이용당하지 않으려고 방어태세를 취할 것이다. 팀원과 함께 계속 팀의 성과를 내야 하는 입장이라면, 단기적인 승의 모습은 오히려 패가 되고 상호의존적인 관계에서 볼 때, 장기적으로는 모두가 패/패할 가능성이 높다.

그럼, 패승 패러다임은 어떤가? 상대방이 원하는 것을 얻은 것처럼 보일지 모른다. 그러나 이것이 상대방과 함께 성과를 내야 하는 나의 태도에 어떤 영향을 미칠 것인가? 위의 사례와는 정반대의 모습이다.

또 승 패러다임은 어떤가? 만일 나만의 승리에만 집중하여 상대방의 관점 같은 것은 고려조차 하지 않는다면, 풍요로운 인간관계는 생각할 수 없다. 장기적으로 볼 때 상호의존적인 인간관계 속에 서로에게 승리를 주는 것이 아니라면 우리는 둘 다 패배자가 될 가능성이 높다.

이것이 바로 승승 패러다임만이 상호의존적인 조직생활에서 거의 유일하고 바람직한 패러다임이 되는 이유다. 탁월한 팀장은 그 팀 자체의 욕구와 팀원들의 욕구를 동시에 충족시킬 수 있어야 한다. 이를 위해서는 관련자들의 창의적이고 진취적인 사고를 기반으로 서로가 만족할 만한 해결안을 찾아가는 노력이 필요할 것이다.

사람마다 갈등을 대하는 방식이 다르다

갈등을 관리하는 5가지 방식

갈등관리 방식은 개인의 갈등에 대한 반응과 태도 및 전략을 의미한다. 갈등관리 방식에 대해 블레이크Robert. R. Blake와 머튼Jane. S. Mouton은 《The managerial grid》에서 이중관심모델Dual Concerns Model을 제시했다.

갈등은 본질적으로 개인이 아닌, 상대방이 존재하는 것을 전제로 한다. 이 모델은 기본적으로 네 가지 영역으로 구분하여 접근하고 있다. 즉, 갈등은 갈등의 당사자, 관심사, 이해관계, 목표 등

네 가지에 초점을 맞춘다. 사람들은 자기 자신을 위해 자기의 관심사에 초점을 맞추고 그것에 에너지를 쏟는다. 또 자신이 가장 좋고, 많고, 유익한 것을 갖고자 한다. 사람들은 자신이 선호하는 목표들이 상대방에 의해 받아들여지기를 원한다.

하지만 때로 사람들은 상대방의 입장이 되어 그 사람 자신이나 관심사, 이해관계, 목표 등에 초점을 맞춘다. 상대방이 더 좋은 것, 많은 것, 유익한 것을 갖기 원한다. 상대방이 잘되기를 원한다. 아울러 상대방과 평화적 관계를 유지하고 싶어 한다.

그러나 두 가지의 관심, 즉 나의 관심과 상대방의 관심이 동시에 충족되기란 쉽지 않다. 두 개의 관심사는 불안한 관계에 있게 되고, 이 불안한 관계가 해소되기 위해서는 어느 한쪽을 더 지지해야 하는데, 이런 경우 갈등을 관리하는 방식이 달라질 수 있다.

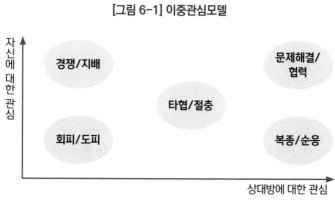

[그림 6-1] 이중관심모델

출처: Rubin, Pruitt & Kim S.H (1994), 《Social Conflid》.

네 가지의 갈등관리 방식은 회피/도피avoiding, 복종/순응obliging, 경쟁/지배competing, 문제해결/협력problem-solving 등으로 구분되는데 후에 연구자들에 의해 밑에 타협/절충compromising이 추가되면서 다섯 가지로 구분된다.

① 회피/도피의 방식

첫째는 회피/도피의 방식이다. 실제 다음과 같은 상황이 벌어졌다고 가정해보자.

김 대리는 영업 A팀의 에이스로 독단적이고 본인의 실력만 믿는 스타일이다. 동기인 이 대리는 영업 A팀 영업사원으로 본인의 업무를 충실히 잘 처리하는 스타일이다. 그런데 매번 김 대리의 독단적인 행동으로 이 대리는 불편함을 느꼈고 급기야 갈등이 발생했다. 이 경우, 이 대리가 김 대리의 행동을 의도적으로 무시하고, 멀리한다면 이는 회피/도피의 방식이다. 상대방에 대한 관심을 낮추고 동시에 해결을 통해 나의 이익을 증가시키는 것에도 관심을 낮추는 경우이다.

회피/도피는 자신과 상대방에 대한 관심이 낮은 것으로, 자신의 이익과 상대방의 이익에 대해 별로 관심이 없는 갈등관리 방식이다. 갈등을 구체화할 경우 오히려 상황이 안 좋아진다고 생각할 때 이 방식을 취한다. 갈등 증폭을 막을 수 있으며, 갈등해결을 위한 에너지 소비를 방지하는 장점이 있지만, 갈등은 여전히 미해결로 남고, 학습효과도 없다.

② 복종/순응의 방식

둘째는 복종/순응의 방식이다. 위 사례를 다시 예로 들면, 이 대리가 김 대리의 모습을 받아들이고 인정하는 것이다. '김 대리는 우리 팀의 에이스인데, 그럴 수도 있지. 좀 독단적이고 거칠기는 하지만, 나와는 입사동기이고 또 우리 팀을 위해 좋은 실적을 내고 있는데 내가 불편하더라도 좀 참지'라면서 자기의 이익을 희생하더라도 상대방의 이익을 만족시키는 경우이다.

복종/순응의 방식은 자신에 대해서는 낮은 관심을 나타내지만, 상대방에 대해서는 높은 관심을 보이는 갈등관리 방식이다. 이 방식은 자신의 이익은 희생하지만 상대방의 이익은 만족시키려고 한다. 갈등 자체보다는 상대방이 중요한 경우에 이런 방식을 취한다. 상대방과의 관계가 중요하거나 상대방이 제공할 수 있는 다른 것들이 상대적으로 중요하다고 판단되면 이 방식으로 갈등을 대처할 가능성이 높다. 하지만 상대방과의 갈등상태는 벗어나더라도 불평등한 관계가 지속될 수 있는 위험이 있다.

③ 경쟁/지배의 방식

셋째는 경쟁/지배의 방식이다. 위 사례에서 보면, 이 대리가 김 대리의 모습을 받아들이지 않는 것이다.

'내가 김 대리 때문에 불편해야 할 이유가 없잖아. 김 대리는 독단적이고 안하무인적인 저런 언행을 고쳐야 한다고'.

이 대리는 박 팀장한테 이런 사실을 보고하고, 다양한 경로를 통해 김 대리가 행동의 변화를 가질 것을 요구한다. 김 대리는 박 팀장한테 주의를 듣게 되고, 이 대리에 대해 조심하는 모습을 보인다. 그러나 둘의 관계는 어색하고 불편해진다.

경쟁/지배 방식은 자신에 대해서는 높은 관심을 보이지만, 상대방에 대해서는 별로 관심을 갖지 않는 갈등관리 방식이다. 이 방식은 상대방의 이익을 희생시키더라도 자신의 이익을 추구하는 방식이다. 또한 타협될 것 같지 않는 상대방에 대해 자신을 보호할 필요가 있다고 판단한 경우 이런 방식으로 대처할 가능성이 높다. 경쟁/지배 방식은 자기중심의 갈등해결에 대해 만족감을 가질 수 있지만 관계 악화로 인해 불편, 불이익이 발생될 여지가 있고 상호성장을 기대하기는 어렵다.

④ 타협/절충의 방식

넷째는 타협/절충의 방식이다. 위의 사례를 다시 예로 들면 이 대리가 김 대리의 독단적이고 안하무인적인 언행이 불편해서 이를 해결하기 위해 김 대리와 술 한 잔을 하며 의견을 교환하는 것이다. 김 대리는 솔직히 자신이 팀을 위해 헌신적으로 일하다 보니 언행이 다소 거칠기는 하지만, 나쁜 의도는 없었고 오히려 이 대리가 너무 민감한 게 아니냐는 의견을 말한다. 앞으로는 언행을 조심하겠다고 한다. 이 대리는 김 대리가 좀 더 변화되기를 기대하지만 큰 변화는 기대하기 어려울 것 같다고 생각한다. 김 대리 또한 이 대리에게 너무 민감하게 반응하지 않겠다고 다짐하지만 결과는 알 수 없다.

타협/절충 방식은 자신과 상대방에 대해 중간 정도의 관심을 나타내는 갈등관리 방식이다. 이 방식은 자발적이기보다는 타협의 산물이다. 구조적으로 갈등해결이 불가능한 상태에서 적당한 선에서 절충하는 것이다. 대립이 첨예하지만 시간적 여유가 없을 때, 이 방식으로 갈등을 대처할 가능성이 높다. 상대방과 향후 보다 긍정적인 갈등해결에 대한 기대가 있을 수 있으나, 같은 개념으로 절반의 불신 관계가 유지되기도 한다.

⑤ 문제해결/협력의 방식

다섯째는 문제해결/협력의 방식이다. 위의 사례에서 이 대리가 자신과 김 대리는 모두 영업 A팀에서 좋은 성과를 내며 팀이나 회사에서 모두 인정받는 사람이 되길 바라는 것이다. 그런데 김 대리는 현재 자신의 모습을 잘 알지 못하는 것 같고, 자신도 김 대리 때문에 직장생활이 불편함을 느낀다. 이에 이 대리는 박 팀장에게 도움을 청한다. 김 대리가 자신의 문제점을 스스로 알고 본인의 역량이 팀 내에서 더욱 발휘되길 원한다는 뜻을 전한다. 박 팀장은 김 대리와 이 대리를 커뮤니케이션 스킬 및 영업스킬 향상교육에 함께 보내어 본인들을 서로의 눈으로 비춰 볼 수 있는 기회를 제공했다. 또한 2인 공동 영업파트너제도를 운영하면서 서로가 함께 의지하고 좋은 관계를 유지하도록 기회를 주었다. 이 대리와 김 대리는 모두 고성과자의 모습을 보여주었다.

문제해결/협력의 방식은 자신과 상대방 모두에게 관심을 나타내는 갈등관리 방식이다. 자신과 상대방 모두의 이익을 만족시키려고 노력하는 방식이다. 나의 이익과 상대방 이익을 모두 만족시키는 갈등해결은 쉽지 않지만 가능하다. 이 부분에 대해서는 뒤에서도 언급하겠지만, 창의적인 해결안이 필요하다. 나와 상대방의 합이 '0'이 되는 제로섬이 아닌, 플러스가 되는 포지티스섬을 만드는 갈등해결 방식이기도 하다. 가장 바람직하지만 가장 어려운 해결방식이다. 나와 상대방 모두가 만족하고 성장하며 관계는 발전된다. 그러나 해결안을 찾기가 쉽지 않으며, 상대방과 함께 많은 시간과 에너지를 투입해야 한다.

Yes를 이끌어내는
4가지 원칙

Win-Win협상법

실무적으로 볼 때 갈등 당사자의 승승 해결안을 찾는 것은 결코 쉽지 않다. 모두가 만족스러운 결과를 만들어내는 것은 전략적인 사고와 통찰이 필요하다. 이에 로저 피셔_{Roger Fisher}가 쓴《Getting to Yes》에 제시된 하버드협상모델 4원칙은 우리에게 시사하는 바가 크다.

① 문제와 사람을 분리하라

첫 번째 원칙은 "문제와 사람을 분리하라"이다. 사람들은 문제가 발생하면 개인적으로 관여하는 경향이 있다. 문제에 대한 견해를 개인적인 공격으로 받아들이고, 저항하기 쉽다. 우리는 말과 행동을 주고받으면서 자신도 모르게 사람과 문제를 하나로 보기 쉽다. "창고관리가 엉망이군!" 또는 "보고서에 오타가 많은데"라는 말들은 단지 문제를 지적하기 위해 내뱉은 말이지만 상대방은 그것을 자신에 대한 공격으로 여긴다. 상황에 대한 분노는 종종 그 상황과 관련된 사람에 대한 분노로 인식된다. 문제에서 자신과 자아를 분리하면 관계를 손상시키지 않고 문제를 해결할 수 있다.

② 이해관계에 초점을 맞춰라

두 번째 원칙은 "입장$_{position}$이 아닌 이해$_{interest}$ 관계에 초점을 맞춰라"이다. 입장은 당사자가 겉으로 주장하고 요구하는 표현된 모습이다. 이해는 당사자의 진정한 요구, 숨은 요구라고 할 수 있다. 우리는 상대방의 입장이 우리와 상반되면 그들의 이해관계도 우리와 반대될 것이라고 생각하는 경향이 있다. 하지만 이해관계를 면밀히 살펴보면 상반되는 이해관계보다는 공유하고 양립할 수 있는 많은 이해가 존재한다는 것을 알게 된다.

잘 알려진 '도서관 사례'를 보자. 도서관을 이용하는 두 사람이 있다. A는 창문을 열어 놓기 원하고, 또 다른 사람인 B는 창문을 닫고 싶어 한다. 그들은 매일 창문을 얼마만큼 열어둘 것인지, 닫을 것인지를 두고 다툰다. 어떤 해결책도 나오지 않았다. 도서관 사서가 직접 A에게 왜 창을 열고 싶은지 물었다.

A는 "저는 답답한 것이 싫어요. 맑은 공기가 들어왔으면 해요"라고 말한다. 사서는 이번에 B에게 왜 창을 닫고 싶은지 물어본다. "외풍을 막고 싶어요. 책장이 넘겨져요"라고 답했다. 사서는 다음날 옆방과 통하는 창문을 활짝 열어서 외풍 없이 신선한 공기를 마시게 했다. 두 사람의 갈등은 해결되었다. 만약 두 사람이 창문을 열거나 닫기를 원하는 입장에만 초점을 맞추었더라면 해결책을 없었을 것이다. 그러나 그 입장 뒤에 숨겨진 그들의 이해, 즉 신선한 공기와 외풍을 막는 것에 초점을 맞춤으로써 갈등을 해결했다.

이처럼 이해에 초점을 맞추는 것은 갈등해결의 결정적인 요소가 된다.

③ 다양한 가능성을 확대하라

세 번째 원칙은 "다양한 가능성을 확대하라"이다. 우리가 처한 갈등상황이 극대화되는 것은 서로가 그 상황을 내가 갖거나 상대방이 갖거나 둘 중 하나만 택해야 하는 것으로 보기 때문이다. 즉, 우리가 먹을 수 있는 파이가 한정되어 있지 않다는 것에 동의해야 한다. 다양한 가능성을 협상에서는 옵션이라고 말한다. 옵션은 말

그대로 선택지를 확장하는 것이다. 옵션을 개발해야 한다. 서로의 위치를 직선으로 긋는 것이 아니라, 포물선으로 그으면 전체 파이가 커지는 선택지가 된다. 정답은 없다. 당사자 모두에게 유익한 것을 찾아야 한다.

유명한 협상 에피소드가 있다. 두 아이가 오렌지를 서로 먹겠다고 다투어서 마침내 오렌지를 반으로 나누었다. 첫 번째 아이는 절반의 오렌지 중 과육을 먹은 후 껍질을 던져 버렸다. 그런데 다른 아이는 절반의 오렌지 중 과육은 던져버리고 껍질만 케이크를 굽는 데 사용했다. 두 아이 모두 현재 자기가 가진 파이보다 두 배 더 큰 파이를 가질 수 있었는데 실패한 것이다.

창의력이 필요하다. 다양한 옵션을 개발해서 다양한 가능성을

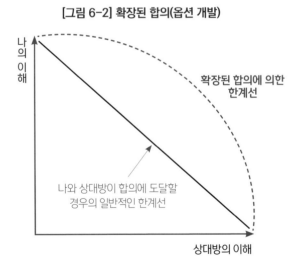

[그림 6-2] 확장된 합의(옵션 개발)

확대해야 한다.

④ 객관적 기준에 근거한 결정을 내려라

네 번째 원칙은 "객관적 기준에 근거한 결정을 내려라"이다. 다양한 가능성을 확대했다면 이제 의사결정을 해야 한다. 그러기 위해서는 객관적인 표준을 정의해야 한다. 때론 우리 감정에 치우치거나, 지나치게 상대방의 상황을 고려하려고 하는 경향이 있다. 그러나 팀은 팀장과 갈등 당사자인 팀원, 두 사람만 있는 것이 아니다. 그렇기에 기준과 원칙을 갖고 결정해야 한다.

우리 조직의 가치, 목표, 역할 등을 감안해서 객관적인 표준을 정하고 그 기준에 의거해서 결정을 내려야 한다. 당신은 더 낮은 집세를 원하고 집주인은 더 높은 금액을 원한다. 당신은 물건이 내일 배달되기를 원하고 공급자는 모레 배달하길 원한다. 이런 갈등 속에서 어떤 것은 수용하고 어떤 것은 수용할 수 없는지 결정해야 한다. 가능하면, 객관적인 기준 역시 당사자가 참여하도록 해야 한다. 합리적으로 설득하고 승복해야 한다. 그리고 모두가 결정된 기준과 원칙에 승복할 것을 동의해야 한다.

팀원과 조직을 살리는
갈등해결의 Tip

상대방의 결정은 반드시 나에게 영향을 미친다

조직의 전반적인 갈등에 대해 이해했다면 이제는 보다 현실적인 갈등해결의 팁을 살펴보자. 갈등은 의미상 관련자들이 존재하며, 그들과 상호의존적인 관계에 있다. 상호의존적인 관계라는 것은 상대방의 결정이나 행동이 나에게 영향을 미친다는 것이다. 때문에 그냥 무시하고 지나갈 수 없다. 갈등을 풀어내지 못하면 그 부정적 영향은 나와 우리 조직에 미칠 것이다.

　팀장으로서 갈등해결을 위한 몇 가지 팁을 제안한다.

① 더 큰 목표를 일깨워주라

첫째, 함께할 보다 큰 목표를 일깨워준다. 갈등이 발생될 때 우리는 그 갈등에 몰입하려고 한다. 점점 깊게 그 갈등상황이나 원인에 대해 골몰한다. 하지만 이는 집착이 될 가능성이 크다. 왜 이런 갈등이 생긴 걸까? 어떻게 하면 이 갈등을 해결할 수 있을까? 내가 무엇을 잘못한 거지? 그 녀석이 계속 이렇게 행동하면 더 큰 일인데… 등등.

이때는 더욱 큰 시각이 필요하다. 이 조그마한 갈등보다 나와 상대방이 함께 이루어야 할 큰 목표가 있음을 공유하는 것이다. 어떻게 보면 나와 상대방이 갖는 내부 갈등을 외부의 큰 목표로 대체하는 것이다.

팀원들끼리 잘잘한 갈등이 있을 때에 보다 큰 목표를 함께 달성하도록 요구하고 격려해보라. 경험에 비추면 잘잘한 갈등이 해결되는 경우가 많았다.

② 갈등의 킹핀을 찾아라

둘째, 갈등의 킹핀King Pin을 찾아 쳐낸다. 킹핀은 볼링에서 쓰는 용어로, 10개의 핀 중에서 4번 핀과 6번 핀의 사이에 있는 5번 핀을 가리킨다. 이 핀을 정확히 맞히면 스트라이크를 칠 수 있다. 갈등해결 역시 어떻게 보면 문제해결의 과정이다. 문제해결에서 핵심은 킹핀을 찾는 것이다. 문제는 대단히 복잡하고 얽힌 듯 보이지만 그 가운데를 자세하고 차분하게 살펴보면 실타래의 출발점을 찾을 수 있다.

우리가 볼링을 칠 때 가장 중요한 킹핀을 제대로 치면 스트라이크를 날릴 수 있는 것처럼 갈등의 원인에서도 가장 중요한 핵심적인 킹핀을 찾는 것이 중요하다.

③ 갈등해결을 위해 즉각 행동하지 않는다

셋째, 갈등을 해결하기 위한 행동은 일정 시간을 두고 시작한다. 갈등이 생길 때, 보통 범하기 쉬운 잘못은 즉각 행동으로 옮기는 것이다.

갈등이 생기면 팀을 지켜야 한다는 팀장의 의무감이 강하게 발동한다. 팀장은 즉각 행동에 옮겨야 할 것 같다. 그러지 않으면 이 갈등의 불이 우리 팀을 다 불사를 것 같은 생각이 든다. 갈등의 원인을 안고 있는 사람에게 즉각 필요한 조치를 취하고자 한다. 대등한 관계가 아니라, 팀장과 팀원의 관계이기에 이 행동이 더 쉽게 다가올 수 있다. 그러나 이 경우 대부분 결과는 기대에 미치지 못한다. 왜냐하면 내가 올바른 상황판단을 갖추지 못하거나 내가 너무 감정적으로 전달해서 해결안이 제대로 전달되지 않을 수 있기 때문이다.

나는 새내기 팀장일 때 이런 실수를 많이 했다. 갈등해결을 즉각 처리하기 위해 즉시 이메일을 보냈다. 내가 생각하는 것들이 하나라도 땅에 떨어지게 하지 않으려고 엄청난 속도와 논리로 이메일을 쓰고 곧장 보내기 버튼을 눌렀다. 하지만 다음날 내가 쓴 이메일을 보고 후회한 적이 한두 번이 아니었다.

왜 이렇게 흥분했지? 왜 이렇게 나만 생각하고 이메일을 썼지? 부끄러워서 당장 이메일을 취소하고 싶었지만 이미 수신확인이 된 상태였다. 몇 번의 실수 후에는 최소 반나절이 지난 후 다시 읽어보고 나서 이메일을 발송하기 시작했다.

얼마 전 어떤 회사의 팀장교육에서 이런 사례를 얘기하니, 한 여자 팀장이 자기 사례를 이야기해주었다. 자기는 갈등관계를 참지 못하는 성격이어서 갈등상황이 발생하면 즉각적으로 전화를 하거나 메일을 보내어 갈등을 해소하려고 했다는 것이다. 그런데 그 결과 대부분 자기의 감정이 앞서고, 오히려 갈등이 더 증폭되는 경우가 많았다. 이런 일이 몇 번 반복되자 자기는 사무실 책상 위 전화 수화기에 '세시간'이라는 글자를 붙여 놓았다고 한다. 즉흥적으로 전화하지 말고, 세시간 숙성 후에 전화하라는 뜻이라며, 자기 스스로가 만든 약속이라고 했다. 이 역시 참고할 만한 방법이 되겠다.

④ 갈등해결은 일대일로 한다

넷째, 갈등해결은 일대일로 접근한다. 조직에서 겪는 갈등은 팀과 팀, 조직과 조직이 갖는 갈등도 있지만, 대부분은 팀장과 팀원,

팀원과 팀원 등 개인적인 갈등에 관한 것들이다. 갈등은 살며시 다가와서 주인처럼 우리의 조직생활을 지배하고 갉아먹는다. 갈등해결에는 개인적인 접근이 필요하다. 어떤 사람에게는 작은 문제처럼 보이는 갈등의 원인이 다른 사람에게는 매우 큰 문제로 다가가기도 한다. 이것은 갈등의 개인적인 성향 때문이다. 갈등을 푸는 것 역시 개인적으로, 섬세하게 접근해야 한다.

초보 팀장일 때의 일이다. 홍 대리는 여자 후배인 나 주임과 갈등이 발생했다. 홍 대리는 팀장인 나에게 도움을 요청했다. 홍 대리는 솔루션 영업을 하려면 나 주임이 전산 일정표에 홍 대리의 일정을 입력해주고, 서류도 준비해줘야 한다. 그래야 외근시간도 등록되고, 비용처리가 원활하게 되는데 나 주임은 실수로 누락을 몇 번 하더니, 홍 대리가 몇 번 혼을 낸 이후에는 의도적으로 전산 입력을 누락한다는 것이었다.

나는 이 갈등을 해결하려고 전산실의 오 대리를 불러서 상황을 설명했다. 나 주임의 부담을 덜어주고 홍 대리가 혼자서도 전산처리가 가능한 방법 등을 강구해보려는 생각이었다. 그런데 나중에는 이 상황이 본부장에게까지 보고되었고 급기야 홍 대리와 나 주임이 순차적으로 회사를 떠나는 일이 생겼다. 오 대리가 이런 저런 상황을 알아보려고 하다가, 오히려 홍 대리와 나 주임 모두에게 갈등을 증폭시킨 것이다. 내가 누군가를 개입시키기보다는 섬세하게 일대일로 접근해서 갈등을 해결했다면 결과가 달라지지 않았을까 하는 후회가 남는 일이었다.

　우리가 처한 매일의 순간은 갈등해결을 요구하고 있는지도 모른다. "팀장은 일하지 말고 관리하라"는 경영구루들의 조언이 이런 갈등해결을 포함할 것이라 생각한다. 갈등관리를 통해 당신이 맡은 팀이 Win-Win으로 승리할 것을 기대한다.

✎ 다섯 가지 갈등관리 유형(경쟁/회피/타협/복종/협력) 중 당신의
   팀에서 가장 많이 발견되는 갈등은 무엇인가?

_____

_____

_____

_____

_____

✎ 상대방과 갈등이 발생한 경우 확장된 합의, 즉 옵션을 추가
   개발함으로써 전체의 합을 크게 만들 수 있는데, 팀장으로서
   당신은 그런 경험이 있는가? 경험을 말해보라.

_____

_____

_____

_____

_____

_____

갈등의 6가지 패러다임 이해하기

위에서 갈등의 여섯 가지 관계 패러다임에 대해 살펴보았다. 이를 얼마나 잘 이해했는지 사례를 통해 알아보려고 한다. 앞서 말했듯이 인간관계의 패러다임은 ① 승승 패러다임, ② 승패 패러다임, ③ 패승 패러다임 ④ 패패 패러다임 ⑤ 승 패러다임 ⑥ 승승 혹은 무거래 (쌍방이 이기거나 또는 무거래) 패러다임으로 나뉜다.

아래 상황은 인간관계의 여섯 가지 패러다임 중 어느 것에 해당하는지 적고, 간단한 이유도 생각해보자.

1. 무한상사는 금년 말 송년회에서 '올해의 영업왕' 시상식을 하기로 하였다. 올해의 영업왕으로 선정되면 명예와 함께 상당한 금액의 부상이 주어진다. 무한상사의 팀장 유재석은 그 상을 꼭 수상하고자 단단히 마음을 먹었다. 어떻게든 높은 점수를 받아서 그 상을 반드시 탈 방법을 적극 모색 중이다.

   유재석의 패러다임은 _____이다.

   [이유]

2. 선배인 박명수는 퇴근하고 있는 후배 하하에게 자기의 남은 업무를 도와달라고 부탁했다. 하하는 온종일 몸이 불편해서 정말 집에 가서 쉬고 싶었으나 다른 사람, 특히 선배인 박명수를 실망시키고 싶지 않았다. 그래서 하하는 몸이 불편함에도 불구하고 늦게까지 선배 박명수의 잔업을 처리했다.

하하의 패러다임은 _____이다.

[이유]

3. 정형돈의 상사인 정준하는 어제 정형돈이 일찍 집에 간 것에 대해 무척 기분이 상했다. 그래서 출근하자마자 호되게 꾸짖었다. 도대체 회사에 왜 다니느냐, 회사에 놀러다니느냐 등 정준하는 정형돈의 행동이 잘못되었다는 꾸지람만 했다.

정준하가 정형돈을 대한 패러다임은 _____이다.

[이유]

4. 영업팀의 팀원인 김희철은 같은 동료 민경훈이 이달의 우수사원으로 추천된 사실을 알았다. 하지만 김희철은 지난달 민경훈과 함께 회사의 영업매출을 위해 대리점으로부터 선매출액을 잡아 매출액을 부풀린 사실을 영업관리실에 신고했다. 그에 따라 민경훈은 이달의 우수사원으로 선발되지 못했을 뿐 아니라, 김희철과 민경훈은 함께 감봉 1개월 조치를 받았다.

김희철의 패러다임은 _____이다.

[이유]

5. 박나래는 평소 갖고 싶었던 멋진 명품가방을 찾고 있었다. 팀장의 소개로 나래는 멋진 명품가방을 파는 가게를 찾아 방문했다. 거기서 그녀는 자기가 원했던 멋진 가방을 발견했지만 그녀가 예상한 금액보다 훨씬 비싼 가격이었다. 주인은 가격을 깎아줄 수 없다고 해서 그녀는 다른 곳을 더 찾아보기로 했다.

박나래의 패러다임은 _____ 이다.

[이유]

6. 박소현 팀장은 김숙이 탁월한 실적을 낸 것에 대해 진심으로 칭찬해주었다. 박 팀장은 김숙의 탁월한 실적으로 인하여 팀의 목표달성에 큰 도움을 받았고, 김숙 자신은 주위사람들로부터 더욱 많은 인정을 받을 수 있게 되었다.

박소현 팀장의 패러다임은 _____ 이다.

[이유]

[정답] 1. 승 패러다임 2. 패승 패러다임 3. 승패 패러다임 4. 패패 패러다임
5. 승승 아니면 무거래의 관계 6. 승승 패러다임

※ 상황에 따라 의견이 다를 수 있으며, 정답을 맞추는 것보다는 왜 그렇게 관계를 정의했는지 이유를 설명하는 게 중요하다.

갈등관리 진단지

다른 사람의 의견과 자신의 의견이 다르다는 것을 알았을 때, 당신은

어떻게 반응, 또는 행동하는가? 아래의 문항에서 해당되는 곳에 체크

해보라.

: 5(항상 그렇다), 4(그런 편이다), 3(보통이다), 2(그렇지 않은 편이다), 1(아니다)

[질문지]

No	설문 내용	5	4	3	2	1
1	나는 나의 목적을 확실하게 달성한다.					
2	나의 주장을 이해시키려고 노력한다.					
3	다른 사람의 주장과 교환하여 나의 주장을 일부 포기한다.					
4	다른 사람들과 차이점이 있다고 해서 항상 우려해야 할 것은 아니라고 생각한다.					
5	다른 사람과 나 사이의 중간적인 입장을 찾으려고 노력한다.					
6	조정하는 과정에 다른 사람의 희망사항을 고려하려고 노력한다.					
7	나는 내 의견에서 장점과 논리성을 보여주려고 노력한다.					
8	나는 문제를 해결하기 위해 적극적으로 토의하는 편이다.					

9	나는 우리 모두의 이해득실이 일치하는 점을 찾으려고 노력한다.					
10	다른 사람과의 차이점을 없애려고 최선을 다한다.					
11	나는 가급적이면 불쾌한 일이 발생하는 것을 피하려고 한다.					
12	나는 다른 사람의 감정을 달래주며 관계를 유지하려고 한다.					
13	나는 모든 관심사와 문제들을 관련자들과 함께 적극적으로 해결하려고 시도한다.					
14	나는 말썽을 일으킬 가능성이 있는 업무는 피한다.					
15	나는 다른 사람의 감정을 상하지 않게 하려고 노력한다.					

[평가지]

갈등관리 방식	문항			합계 점수
경쟁 방식	1	2	7	
문제해결 방식	8	10	13	
타협 방식	3	5	9	
회피 방식	4	11	14	
복종 방식	6	12	15	

출처: 박태호 외(2012), 재구성

Chapter.7

매년 성과를 달성하는 팀의 비결

_ 팀십 & 동기부여

팀원 개개인은 뛰어난데
성과가 없다면

아폴로 팀 이야기

영국 헨리 경영대학의 메러디스 벨빈 교수는 팀 대항 경영시뮬레이션 게임을 일주일 동안 진행하는 연구를 했다. 이 연구는 1960년대 말부터 약 10년 정도 진행되었다.

한 팀은 대개 여섯 명으로 구성되고, 팀은 보통 여덟 개 정도이다. 매번 우승팀과 열등팀, 보통팀들을 선발한다. 당시 미국이 달 착륙 경쟁에서 승리한 것을 기념하여 가장 우수한 인재들이 모인 팀을 아폴로 팀으로 명명했다.

약 10년 정도 진행하면서 놀라운 결과들을 얻었다. 아폴로 팀은 가장 훌륭한 인재들만 모은 팀이었지만, 결과는 거의 대부분 꼴찌였다. 왜 그럴까? 아폴로 팀원은 자신의 생각을 다른 팀원들에게 설득하는 데 많은 시간을 소모했다. 그러나 그 누구도 쉽게 설득당하지 않았다. 그 팀원도 자기만의 논리가 있었고, 그 논리를 다시 상대방에게 설득시키기 위해 노력했다. 오히려 서로의 논리가 가진 맹점을 찾는 데 혈안이 되었다.

아폴로 팀은 일치된 결론을 도달하는 경우가 흔치 않았다. 그에 따라 일의 우선순위는 엉망이었고 긴급한 일들은 무시되었다. 꼴찌로 발표되면 여전히 비난의 화살을 쏠 대상을 찾기에 바빴다. 우수한 인재들로 구성되었지만 아폴로 팀은 팀으로서의 성과를 전혀 내지 못했다.

5cm x 10cm의 나무 기둥 한 개가 받치는 힘은 대략 160킬로그램 정도라고 한다. 그렇다면 5cm x 10cm의 나무 기둥 두 개가 받치는 힘은 어느 정도일 거라고 예상하는가? 강의할 때 이런 질문을 하면 대부분은 320킬로그램, 많으면 한 500킬로그램 정도로 답하는 경우가 많다. 그런데 놀랍게도 실제로 받치는 힘은 약 2,000킬로그램이다.

미국 공군력은 세계 최강이라고 평가받는다. 미군 전투기 훈련도 이와 비슷한 모습이 있다. 전투기가 한 대일때는 적군의 전투기 한 대와 전투 시뮬레이션을 한다. 그러나 전투기가 두 대일 때는 적군의 전투기 다섯 대에서 많게는 열 대까지의 전투 시뮬레이션을 진행한다. 결국 '1+1은 2'가 아니라는 것이다. 팀은 각 팀원 개개인의 합이 아닌, 그 이상이다.

팀십은 무엇인가? 팀십은 팀을 구성하는 모든 구성원들이 하나의 팀으로 개개인들의 합보다 더 큰 시너지를 발휘하도록 이끈다.

이런 비슷한 모습을 종종 스포츠에서 찾아볼 수 있다. 2019년 KBO 연봉 순위를 보면 롯데 자이언츠가 1위로 131억 원 정도다. 그런데 경기성적 순위는 10개 구단 중 꼴찌이다. 그와 대조적인 팀이 있다. 바로 키움 히어로즈이다. 연봉 총액은 롯데의 반 정도인 74억 원 정도인데, 경기성적 순위는 3위이며, 코리안 시리즈 결승까지 올라갔다. 키움 히어로즈의 성적은 놀라울 정도이다. 비록 개개인들은 고졸 출신의 어린 선수들이 많고, 경험도 많이 부족하고, 연봉 등 대우도 아직 미흡한 수준이다. 그런데 그들은 팀으로서는 멋진 시너지를 내고 있다. 필요할 때 때려주고 중요할 때 도루해주고, 혹 실수해도 서로 격려한다. 이런 강한 시너지가 좋은 결과를 만들어냈다.

파열과 갈등을 일으키는 애빌린 패러독스

7월, 제리 하비는 오랜만에 텍사스의 콜맨 지역에 있는 처가를 방문했다. 당시 온도가 40도에 육박할 정도로 매우 더웠다. 최고의 오후여야 할 일요일 오후는 점점 무료해지기 시작했다. 갑자기 장인어른이 "우리 모처럼 애빌린에 가서 외식이나 할까?"라고 제안했다.

에빌린은 왕복 170킬로미터 거리에 있었다. 게다가 모두가 탈 수 있는 SUV는 때마침 에어컨도 고장이 나 있었다.

아내가 대답했다. "좋아요. 저녁이나 먹고 오죠. 제리 생각은 어때요?" 제리는 마지못해 "그러지, 뭐"라고 대답했다. 그러자 장모님도 거들었다. "저녁 좋지. 애빌린에 가본지도 오래된 것 같은데."

가족들은 에어컨도 없는 차를 타고, 땀을 뻘뻘 흘리며 애빌린에 도착해서 식사를 했다. 식사는 정말 최악의 맛이었다. 식사를 마치고 다시 콜맨에 있는 집으로 차를 달려 돌아오니 네 시간이 훌쩍 지났다. 집에 돌아온 그들은 누가 먼저라고 할 것도 없이 서로 먼저 선풍기에 달려갔다.

잠시 후, 장모님이 짜증스럽게 말했다. "식사도 형편없고, 사실 난 가고 싶지 않았어. 모두가 가고 싶어 해서 그냥 간 거지." 제리는 황당해 했다. "모두라니요? 장모님, 저는 정말 가고 싶지 않았어요." 아내가 말했다. "난 당신하고 아빠, 엄마가 가고 싶어하는 줄 알고 싫지만 간 거야." 장인어른이 말했다. "사실 나도 가고 싶지 않았지만 다들 따분해하는 것 같아서, 제안해본거야."

한동안 어색한 분위기가 감돌았다.

도대체 누가 애빌린이라는 곳까지 갔다 오기를 원했는가? 아무도 원하지 않았는데 왜 모두가 다녀온 것일까? 제리 하비 Jerry Harvey

교수는 이 역설을 '애빌린 패러독스'라고 말했다. 즉, 조직 구성원들이 아무도 원치 않는 여행을 하는 성향을 말한다. 만약 어느 조직에서 애빌린 패러독스와 같은 현상이 발견된다면 원하는 목표와는 상당히 동떨어진 결과를 얻게 될 것이다.

팀장은 혹시 우리 팀이 애빌린 패러독스의 모습을 보이고 있지는 않는지 살펴봐야 한다. 이런 팀이 된다면 팀십이 무너졌다고 봐야 한다. 이 현상은 팀원들이 과제에 주도권을 갖지 않고 다른 사람이 결정하도록 내버려두고 무관심하다는 것을 의미한다. 그렇지만 자기가 원하지도 않고, 기대하지 못한 결과를 맞이하면 분노와 불만을 폭발한다.

"이게 뭐야?", "도대체 우리 팀이 제대로 하는 게 뭐야?", "팀장님은 왜 이런 결정을 하신 걸까?", "누가 이런 제안을 한 거지?"

이와 비슷한 반응들이 들려올 것이다. 애빌린 패러독스에 빠진 팀원들은 팀장이나 동료들을 비난하거나 서로를 탓하는 것에 익숙해진다. 그럴 경우 비난이나 불만에 동조하는 팀원들이 생겨나기 시작하면 팀 내에 또 다른 팀이 생기며 파열과 갈등의 모습으로 이어질 수 있다.

팀십을 돋우는 3가지 방안

이런 현상이 발생되는 이유는 여러 가지가 있을 수 있으나, 가장 큰 원인은 문제를 해결하려는 과정에서 구성원들이 자신의 생각이나 의견을 분명하게 표현하지 않기 때문이거나 표현하지 못하기 때문이다. 이런 모습을 극복할 수 있는 세 가지 방안을 제안한다.

첫째는 자유로운 소통문화를 만드는 것이다. 무언의 합의라고 할 수 있는 애빌린 패러독스가 발생되지 않기 위해서는 조직 구성원들이 자유롭게 자신의 의견을 표현할 수 있는 문화를 만드는 것이 중요하다. 이것은 문화이다. 이런 문화가 생성되려면 무엇보다도 조직, 조직원에 대한 신뢰가 전제되어야 한다. 우리가 구사하는 어떤 소통도 서로를 신뢰하지 못한다면 제대로 작동하지 못할 것이다.

둘째는 합의기술을 발전시키는 것이다. 무언의 합의나 집단 동조가 애빌린 패러독스를 만든다면, 조직 내 합의기술을 만드는 것이 좋다.

먼저, 다양한 의견이나 생각을 끄집어내기 위한 '브레인 스토밍'을 사용할 수 있다. 브레인 스토밍의 열쇠는 질보다 양을 우선시하고, 다른 사람이 내놓은 의견이나 생각을 비판하지 않고, 그

의견이나 생각에 올라타는 것이다.

다음은 'Five why' 기법이다. 어떤 이슈에 대해 '왜'라는 질문을 해보는 것이다. 다섯 번 정도 '왜'라는 질문을 해본다면 피상적으로 인식한 것과는 다른 중요한 본질에 접근하게 된다. 왜 우리가 이런 결정을 해야만 하는지 좀 더 구체적이고 실제적인 질문을 함으로써 무언의 합의나 동조가 발생되지 않을 수 있다.

셋째는 공동의 그라운드 룰을 갖는 것이다. 팀의 누구도 소외되거나 배척당하지 않아야 한다. 내가 원하지 않고 동의하지 않지만, 내가 반대의견을 제시하면 혹시 조직에서 소외되거나 배척되는 것은 아닌가 하는 두려움을 갖기 쉽다. 이를 방지하기 위해서는 나름 조직 공동의 그라운드 룰을 만드는 것도 중요하다.

예를 들어, 어떤 이슈에 대해 팀원당 최소 세 개의 의견을 제시한다는 것을 그라운드 룰로 정할 수 있다. 또는 최종 결정된 의견에 대해서는 24시간 숙성의 성찰시간을 갖는다는 것을 그라운드 룰로 정할 수도 있다. 또는 최종합의된 의사결정에 대해 불만이나 불평 제시는 하지 않기로 하는 그라운드 룰을 정할 수도 있을 것이다.

팀 발달단계에 따라
리더십도 달라야 한다

팀의 발달단계를 결정짓는 2가지 변수

1965년 오하이오 주립대학 심리학 교수인 브루스 터크먼Bruce Tuckman은 논문을 통해 팀의 발달모델을 발표했다.[10] 이 발달모델에 의하면 팀은 형성기Forming, 격동기Storming, 규범기Norming, 성과기Performing의 과정을 거친다. 1977년에 해지기Adjourning 단계가 추가되었지만, 단기 프로젝트 팀의 성격이 아닌 이상, 4단계까지의

---

10 Bruce Tuckman(1965), Developmental sequence in small groups, Psychological bulletin, 63(6), pp384-399.

모습이 일반적이다.

블랜차드 또한 비슷한 팀의 발달단계를 제시했다. 형성기Orientation, 갈등기Dissatisfaction, 조정기Integration, 성취기Production 가 그것이다. 터크만 이후 팀 발달에 대한 여러 연구들이 있었고, 대부분 팀들이 비슷한 발달단계를 거친다는 것을 발견했다.

팀장으로서 자신이 맡은 팀의 발달단계를 살피는 것은 중요하다. 팀은 팀원들의 합 이상의 유기체와 같다. 하나의 유기체가 되어 생성되고, 성장하고, 쇠퇴하는 과정을 거친다.

블랜차드에 의하면 팀의 발달단계를 결정짓는 중요한 두 가지 변수는 팀의 생산성Productivity과 팀원의 사기Morale다.

생산성은 팀의 목적과 목표와 관련해 완성된 일의 양과 질이다. 이는 팀원의 협동심, 지식과 기술, 분명한 목표, 필요한 자원에 대

[그림 7-1] 팀 발달단계

형성기	갈등기	조정기	성취기

생산성

사기

팀 발달단계 1	팀 발달단계 2	팀 발달단계 3	팀 발달단계 4

한 접근성 등에 따라 달라진다. 사기는 팀과 팀의 일들을 완성함에 따라 수반되는 자긍심과 만족감이다. 이 두 가지 변수에 따라 팀의 발달단계가 결정된다. 각 단계별 특징을 자세히 살펴보자.

4단계 팀발달의 특징

팀 발달단계 1: 형성기

1단계는 처음 팀이 형성되는 시기이다. 모든 것이 불명확하고 불확실한 상태다. 목표나 과제에 대한 공감과 이해가 부족하다. 팀원들끼리는 서로 어색하고 신뢰하지 못하는 상태이다. 자신에게 어떠한 역할이 떨어질지도 궁금하다.

팀원들의 사기는 적당히 높지만 생산성은 낮다. 일반적으로 팀의 생산성은 낮음에서 시작한다. 1단계에서는 목적과 방향을 앞에서 이끌어주는 리더십이 필요하다. 즉, 우리가 왜 모였으며 무엇을 언제까지, 누가 어떤 일을 해야 하는지 명확히 이끌어주어야한다. 즉, 지시형 리더십Directing leadership이 필요하다.

팀 발달단계 2: 갈등기

2단계에서는 팀원들이 처음에 가졌던 기대와 현실의 괴리감을 느끼기 시작한다. 업무에 대한 경험이 커지면서 생산성은 증대되지만, 팀원들의 사기는 오히려 떨어진다. 과업을 달성하는 데 어려움과 좌절을 겪는다. 팀원 간 서로에 대한 부정적인 감정과 반응이 증가한다. 잦은 의견충돌과 대립이 발생하면서 긴장상태에 이른다. 서로의 의견을 주장하면서 팀 내 분열의 모습이 나타나기도 한다. 소통이 잘되지 않고 문제해결 능력은 떨어지고 서로에 대한 신뢰감은 낮다.

팀장에 대한 불만도 점점 커진다. 2단계에서는 팀장이 팀 내 갈등, 불통, 프로세스 개선 및 정립 등을 잘 다루어야 한다. 팀원의 개인적인 상호작용에 더욱 신경써야 한다. 그렇기에 안내형 리더십Instructing/Coaching leadership이 필요하다. 개인적인 불만과 욕구에 대처하고, 효과적으로 성과를 낼 수 있도록 개인적인 관계나 코칭이 필요한 단계이다.

팀 발달단계 3: 조정기

3단계에서는 팀원들이 좀 더 생산적으로 일할 수 있도록 절차나 방법들을 개선한다. 업무달성과 문제해결 능력도 향상된다. 목적에 대한 공감대가 커지고, 팀원별 역할과 책임도 비교적 명확해진다.

서로에 대한 신뢰와 결속력이 단단해진다. 팀원들이 함께 일하는 법을 배우며, 존중하는 법도 알아간다. 팀원들은 현재의 모습이 바람직한 방향으로 가고 있음을 인식하고 이런 모습을 잃게 될

까봐 두려워하면서 갈등을 회피한다.

팀의 생산성은 성장했으나 불안감은 여전하며, 팀의 사기는 전 단계에서 문제들을 해결한 상태이기에 비교적 높다.

3단계에서는 팀원들이 불안감을 떨치고 일 자체에 집중할 수 있도록 도와주는 지원형 리더십Supporting Leadership이 필요하다. 팀장은 과제의 우선순위, 프로세스, 팀원들 간의 협업 등에 관심을 두어야 한다.

팀 발달단계 4: 성취기

4단계는 팀에 대한 자부심과 열정이 존재하는 시기이다. 명확해진 목표와 역할 속에서 성과가 증대된다. 팀원들은 높은 기준을 설정하고 그 기준에 맞게 노력할 뿐 아니라, 지속적인 개선을 통해 업무의 성과를 증대시킨다. 팀원들은 업무를 수행하면서 걸림돌을 극복하며 자신에 대한 신뢰와 자긍심도 높인다.

아울러 함께 일하는 동료에 대한 신뢰와 동료애가 커진다. 동료와 함께 일하는 것이 즐겁고 자랑스럽다. 그들과 성과의 결실을 함께 나누는 것이 아깝지 않다. 성취기에는 새로운 도전과 지속적인 성장을 통해 팀의 성과를 최상으로 유지한다.

팀장은 팀원들의 생산성, 사기 등이 모두 최고기에 이른 상태이기에 권한위임을 충분히 해줄 수 있다. 전체적으로 팀이 제대로 굴러가고 있는지만 살피면서 더 큰 그림을 위한 전략을 세우고 팀원들의 위기나 도움 요청에 대처하면 된다. 위임형 리더십Delegating Leadership이 필요한 단계이다.

팀원 유형별 동기부여법

조직에는 두 종류의 팀원이 있다

동기와 관련하여 중요한 이론적 배경은 맥그리거의 연구이다. 맥그리거는 조직의 리더십 문제는 실행보다는 전제[11]가 중요하다고 하면서 조직의 인간을 두 종류로 전제했다.

대부분의 리더들은 자기 팀에 소속된 사람들이 근본적으로 일을 싫어하며 할 수만 있다면 일을 피하려 한다고 믿는다. 팀원들

---

11 premise. 어떠한 사물이나 현상을 이루기 위하여 먼저 내세우는 것.

은 책임지는 것을 두려워하고 안정을 열망하며, 지시를 필요로 한다고 생각한다. 그에 따라 팀의 목적을 달성하려면 팀원들을 강요하고 통제하며, 지시해야 하고 처벌로 위협해야 한다고 전제한다. 이 이론은 'X이론'이다. X이론을 전제로 갖는 인간을 X유형이라고 하자. 동양철학과 연계하면 '성악설'에 가깝다. 인간은 그냥 두면 일을 제대로 하지 않을 것이라는 사고이다.

맥그리거는 팀원에 대한 또 다른 전제를 갖고 있다. 인간들은 놀이나 휴식처럼 자연스럽게 자신의 일에 흥미를 느낀다는 것이다. 또한 팀 내에 창의성과 기발함은 넓게 전파된다. 적절한 조건하에서 그들은 책임을 인정하고, 심지어 적극적으로 받아들인다고 전제한다. 이 이론을 'Y이론'이라고 한다. 동양철학과 연계하면 '성선설'에 가깝다. Y이론을 전제로 갖는 인간을 Y유형이라 하자. 즉, 인간은 그냥 내버려둬도, 일을 제대로 할 것이라는 사고이다.

X형, Y형, I형의 동기부여법

X유형의 행동은 내부의 욕구보다 외부의 욕구에 의해 북돋워진다. 또한 일 자체의 만족보다는 그 일을 한 후에 얻을 수 있는 외적 보상에 관심을 갖는다. 반대로 Y유형은 적절한 조건이 주어지면 책임감을 갖고 성실하게 일을 해낼 것이기에, 외부의 강력한

외적 보상은 아니더라도 일정한 보상이 주어지는 것에 관심을 갖는다.

그렇지만 새로운 제3 유형인 I유형의 행동은 외부의 욕구보다 내부의 욕구에 의해 북돋워진다. 또한 어떤 행동으로 인한 보상보다는 행동 자체의 내적 만족을 더 중요하게 여긴다. 다니엘 핑크Daniel H. Pink는 이런 유형을 내적이라는 뜻의 'Intrinsic'의 첫 글자를 통해, I유형이라 명명했다. X유형의 행동에서는 보상을 추구하고 처벌을 회피하는 동기2.0이 중심적이지만 I유형의 행동에서는 또 다른 차원의 동기가 작동한다.(동기1.0은 인간의 생물학적 욕구에 의한 것을 말함.)

인간은 보상과 처벌로만 동기화되지 않는다

위스콘신 대학의 심리학과 교수인 해리 할로우Harry Harlow는 붉은털 원숭이 실험을 통해 동기이론의 새로운 동력을 제시했다. 그는 원숭이 행동을 관찰한 연구에서 흥미로운 문제를 제기했다. 어린 붉은털 원숭이들에게 퍼즐처럼 풀 수 있는 자물쇠를 우리 안에 넣어주었다. 그러자 어린 붉은털 원숭이들은 자물쇠를 만지작거리다가 오랜 시간에 걸쳐 겨우 풀고는 좋아서 자물쇠 주위를 맴돌았다. 그리고 스스로 자물쇠를 다시 잠그고 푸는 행위를 반복했다.

할로우는 다른 붉은털 원숭이들에 조건을 변형해서 다시 실험을 했다. 이번에는 자물쇠를 푼 이후에 물을 보상으로 주었다. 그러자 붉은털 원숭이들은 목이 마르기 전까지 자물쇠를 풀지 않았고, 자물쇠가 안 풀리자 짜증을 내었다. 그러다 자물쇠를 풀면, 물을 달라고 짜증스럽게 요구했다.

그리고 2주 후에 다시 이 원숭이들에게 자물쇠를 주면 더 이상 자물쇠를 풀지 않았다. 그러다 갈증이 심해지면 자물쇠를 풀었는데 속도는 현저히 느려지고 흥미는 없어졌다. 즉, 아무런 보상 없이 자물쇠를 풀었던 붉은털 원숭이들에게 자물쇠는 즐거움이었지만, 두 번째 실험의 붉은털 원숭이들에게 자물쇠는 보상을 얻기위한 수단에 지나지 않았다.

보상이 있어야만 동기가 있을 것이라는 기존이론과는 대치되는 결과를 얻은 할로우는 이 현상에 대해 심각한 고민에 빠졌다. 할로우는 이 질문에 대답하기 위해 새로운 이론을 제시했다. 바로 세 번째 욕구, 동기 3.0이다. 그는 "단지 일의 수행 자체가 내적 보상을 제공한다"라고 말했다. 원숭이들은 자물쇠를 푸는 게 재미있었기에 그냥 자물쇠를 풀었다. 원숭이들은 즐겼다. 일 자체가 그들의 보상이었다. 후에 진행된 여러 연구도 할로우의 연구결과를 지지했다.

X유형에게 가장 중요한 동기는 바로 외부의 보상이다. 하지만 I

유형에게 가장 주요한 동기는 자유와 도전, 그리고 일 자체의 즐거움이다. 할로우의 실험은 우리에게 많은 충격을 주었다. 인간은 단지 보상과 처벌에 의해 동기화되지 않는다. 인간은 새로운 것을 찾고, 도전할 만한 것을 추구하고, 자신의 능력을 확장하고, 보람된 일들을 수행하며, 지속적으로 탐구하고 성장하려는 성향을 갖고 있다. 21세기 지식근로자인 현대 조직의 구성원은 X유형이나 Y유형을 넘어, I유형의 인간이지 않을까 싶다.

동기부여를 극대화하는 방법 3가지

자율성은 'Freedom'이 아니다

팀십으로 가기 위해서는 무엇보다도 팀원들이 동기부여가 되고 개개인이 소속된 팀에 열정적으로 헌신해야 한다. 동기부여를 위한 구체적인 방안에는 무엇이 있을까? 다니엘 핑크는 《Drive》에서 세 가지를 제시한다.

첫 번째는 자율성 Autonomy 이다.

자율성을 뜻하는 영어는 우리가 쉽게 생각할 수 있는 'Freedom'이 아니다. 'Auto-nomy'이다. '스스로의, 각자의 주도적인'을 뜻하는 'Auto'와 '지배, 통치'를 뜻하는 'Nomy'의 합성어이다. 각자 주인이 되어서 스스로 통제하고 지배하는 것을 의미한다.

여기서 자율성은 독립성Independence과는 다르다. 또한 자율성은 나만을 생각하는 개인주의Individualism를 의미하지 않는다. 자율성이란 선택권을 갖고 행동하는 것을 의미한다. 배타성Exclusivity을 의미하는 것도 아니고 다른 사람들과 행복하게 공존하는 모습을 그린다. 자율성은 개인의 성과와 태도에 강력한 영향력을 가진다. 최근의 여러 연구에 의하면 자율적인 동기는 높은 생산성, 낮은 피로감, 높은 정신적 행복감 등을 가져오는 것으로 밝혀졌다.

코넬 대학에서 진행한 한 연구에서 자율성을 부여한 회사는 통제중심의 회사에 비해 같은 기간 네 배 더 성장했으며, 이직률은 3분의 1에 불과했다. 동기 2.0에서 인간들은 자유를 얻기 위해 일을 기피할 것이라고 전제한다. 이때 자율성은 책임감을 피해가는 방법이 될 수 있다. 그러나 동기 3.0은 사람들이 책임감을 원한다는 전제에서 시작한다. 즉, 동기 3.0에서 자율성은 업무회피가 아니라, 오히려 일에 대한 목적과 방향을 명확히 함과 동시에 그에 따른 책임감을 선택하고 원한다는 전제를 깔고 있다.

자포스의 CEO인 토니 셰이Tony Hsieh 역시, 자신이 무언가를 통제한다고 인식하는 것이 행복을 느끼는 중요한 구성요인이라고 주장했다. 자율성은 인간의 타고난 본능이며, 이는 동기3.0과 I유형의 핵심이 된다. 자율성은 네 가지 측면에서 나타나는데 '무엇을,

언제, 어떻게, 누구와 함께 하는가'라는 것이다. 자율성의 반대는 통제다. 자율성과 통제는 행동반경의 서로 다른 중심에 위치한다. 그렇기 때문에 지향하는 목적점도 다르다. 통제가 팀원을 복종으로 이끈다면, 자율은 팀원을 참여로 이끈다. 자율은 팀원들의 동기부여를 북돋는 핵심요인이다.

전문성은 내 일을 잘하고 싶은 욕망이다

동기부여의 두번째는 전문성Mastery이다. 전문성이란 중요한 무언가를 좀 더 잘하고 싶다는 욕망으로 정의한다. 21세기 지식노동자인 우리는 전문성을 요구받고 있다. 그렇다면 우리는 어떻게 전문성에 이르게 되는가? 동기 2.0이 복종을 추구했다면 동기 3.0은 참여를 모색한다고 했다. 참여는 전문성에 이르는 지름길이다. 20세기의 업무는 대부분 반복적이고 루틴한 업무였고, 그 상황에서 복종을 통한 업무는 대부분 효과가 있었다. 그러나 21세기의 복잡한 문제를 해결하려면 탐구적인 마인드와 새로운 해결방법을 시험해보고자 하는 도전적 자발성이 요구되고 있다. 이젠 기존의 방법으로 좋은 결과를 보장받기 쉽지 않다.

이 전문성과 깊은 관련이 있는 개념은 2장에서도 언급한 칙센트미하이 박사의 몰입 개념이다. 사람들은 몰입 상태일 때 삶에서 가장 만족스러운 최고의 순간을 경험한다. 몰입 상태에서는 해야만 하는 일과 할 수 있는 일과의 관계가 정확하다. 도전은 너무 쉽지 않다. 그렇다고 너무 어렵지도 않다.

자신이 갖는 현재의 능력보다 1~2 단계 위를 도전하고, 그 도전은 몸과 마음을 힘껏 뻗게 하고, 그것은 일 자체를 달콤한 보상으로 만든다. 몰입 상태에서는 시간과 장소, 자아의 감각이 녹아 흩어져버린다. 물론 그들은 자율적이다. 오히려 자율을 넘어 적극적으로 참여하는 모습을 갖는다. 팀장은 팀원들에게 이런 몰입의 경험을 가질 수 있도록 힘써야 한다. 이를 통해 팀은 성과라는 결과를 갖게 되고, 팀원들은 개인적인 성장과 함께 삶을 윤택하게 만들어갈 것이다.

이익동기 이상의 목적동기가 필요하다

동기부여의 세 번째는 목적Purpose이다. 칙센트미하이는 "목적은 삶을 사는 데 필요한 활성화 에너지를 제공한다"라고 말했다. 전문성을 향하여 자율성을 갖고 일하는 사람은 높은 수준의 성과를 달성한다. 그러나 무언가 위대한 목적의 개념에서 일하는 사람은 더 큰 성과를 만들어낸다. 동기부여가 높은 사람은 자기 자신보다 큰 명분(목적동기)에 자신의 욕망을 편승시킨다.

동기부여 요인의 마지막은 '목적(동기)'이며, 반대편에는 '이익(동기)'이 위치한다. 여러 연구를 통해 기존의 동기 2.0의 핵심인 이익동기가 강한 힘을 가진다는 것이 밝혀졌다. 하지만 이 동기는 특수하거나 한정적 조건에서만 효과가 있었다.

더 큰 성과를 달성해내기 원한다면 이익동기 이상의 그 무엇, 즉 목적동기가 필요한 것이다. 고성과를 만들어내는 팀의 핵심은 팀원들의 생물학적 욕구나 보상과 처벌의 욕구가 아닌 또 다른 것, 즉 스스로 자기의 삶을 이끌고 자신의 능력을 마음껏 확장하며 자기가 속한 팀과 조직, 사회에 헌신하게 하는 목적동기가 필요하다. 목적이 있는 삶을 살고 싶다는 인간 속에 깊게 내재된 욕구 안에 고성과의 비밀이 숨겨져 있다.

'동기부여'는 쉬운 듯하지만 결코 쉽지 않은 팀장의 역량이다. 팀원들이 동기부여를 통해 팀의 성과에 기여하기를 원한다면 먼저 그들에게 자율성을 부여하라. 통제하기보다는 그들 스스로 주도적으로 일하도록 이끌어주어야 한다.

다음으로 전문성을 확보하도록 해주어야 한다. 현재 하고 있는 일을 통해 스스로 성장하고 전문가가 될 수 있도록 환경과 조건을 마련해주어야 한다. 팀원은 그 과정에서 몰입을 느끼고 몰입을 통해 삶의 윤택함을 느끼고 자연스럽게 팀의 성과는 높아질 것이다. 마지막으로 명확한 목적을 제공해주어야 한다. 내가 왜 이 팀에 있는지, 이 팀을 통해 무엇을 만들어내고 공헌하는지 명확히 알도록 도와주어야 한다. 그럴 경우, 팀장은 팀원의 성장과 행복, 팀의 발전과 성과달성이라는 두 마리 토끼를 잡을 수 있다.

✎ 팀은 형성기, 갈등기, 조정기를 거쳐 성취기에 이르는
발달과정을 가진다. 당신의 팀은 어디에 위치하는가? 그렇게
생각한 이유는 무엇인가?

_____

_____

_____

_____

_____

_____

✎ 팀원들의 동기부여를 위해 팀장이 가장 우선시하는 것은
무엇인가? 그 이유는 무엇인가?

_____

_____

_____

_____

_____

_____

_____

✏️ 4차 산업혁명 시기에 가장 적합한 인간형은 'I형 인간'이다.
7장을 통해 I형 팀원의 특징을 이해하고, 당신의 말로 새롭게 한
문장으로 정의해보라.

_____

_____

_____

_____

_____

_____

_____

_____

_____

_____

_____

_____

_____

Chapter.8

내 감정을 다스려야 팀원의 감정도 살필 수 있다

_감성리더십

회사가 감성지능이
높은 팀장을 원하는 이유

감성지능이 높은 김 팀장

김 팀장은 원격교육 기획팀 팀장이다. 원격교육회사는 매년 국가의 평가기관으로부터 등급평가를 받는다. 원격교육 기획팀은 우수한 등급평가를 받기 위해 몇 개월 동안 준비해서 심사를 받았다. 평가등급이 발표되는 날, 기획팀은 기대와 달리 A등급이 아닌 B등급을 받았다. 다음 년도 사업에 큰 타격을 받게 되었다. 팀과 팀원들은 결과에 실망했다.

그런데 자세히 살펴보니, 현장평가를 한 평가기관 담당자의 착오로 중요한 기준에서 미달점수를 받았다. 팀원들은 격분했다. 담당인 임 주임은 평가기관에 전화를 걸어 감정적인 컴플레인을 제기했다. 급기야 임 주임은 엉엉 울기까지 하며, 감정을 억누르지 못했다. 일반적으로 한번 발표된 평가등급은 다시 조정되는 경우가 거의 없었기 때문에 팀원들은 더욱 안절부절했다.

그러나 김 팀장은 침착했다. 팀원들을 다독거렸다. 평소와 다름없이 현재의 상황을 차분히 점검하고, 대처방안들을 정리해서 일을 배분했다. 다음날 김 팀장은 평가기관 담당자에게 평가결과의 오류와 부당함에 차분하고 논리적으로 설명했다. 그 후 몇 차례 미팅과 조율을 통해 김 팀장은 결국 A등급을 받아내었다. 그 어떤 상황 속에서도 자신의 감정을 관리하는 김 팀장의 모습은 본부 전체의 좋은 본보기가 되었다. 팀원들은 김 팀장을 더욱 신뢰하게 되었고, 원격교육 기획팀은 그해 최고의 팀으로 선정되는 기쁨도 누렸다.

조직생활을 하다 보면, 탁월한 리더십을 보여주는 리더들을 만난다. 많은 후배, 동료, 선배들로부터 존경과 칭찬을 받는다. 또한 뛰어난 성과들을 창출한다. 그들의 공통점은 무엇일까?

그들은 자기의 감정을 잘 인식하고 관리하고, 아울러 주위 사람들과 좋은 관계를 유지했다. 이 부분에서 실패한 사람이 조직에서 성공한 경우를 만나본 적이 없다. 그만큼 감성지능이 탁월한 사람이 탁월한 리더십을 발휘하는 것은 부인하지 못한다.

4차 산업혁명시대에 필요한 능력

팀장의 역할을 충분히 잘 감당하는 것은 리더십에 관한 문제이다. 기존의 리더십에서 가장 큰 영역은 합리적이고 이성적인 영역이었다. 이를 가장 잘 대표하는 인지능력이 IQ다. 이 능력은 문제를 해결하는 데 탁월한 역할을 해왔다. 특히 개별적인 아웃풋을 내는 데 큰 성과를 발휘했다.

그러나 융합으로 대표되는 4차 산업혁명시대의 조직운영에는 타인과의 소통, 협업이 매우 중요한 과제가 되었다. 인지적 능력을 갖춘 리더보다는 감성지능, 감성능력을 갖춘 리더가 훨씬 훌륭한 아웃풋을 내는 경우가 많다.

구성원들의 잠재력과 열정을 이끌어내고, 몰입과 만족감을 통해 높은 성과를 창출하기 위해서는 풍부한 감성지능을 바탕으로 한 감성적 리더십이 요구되고 있다.

감성지능에 대한 최초의 연구는 스탠포드 대학의 심리학 교수 피터 샐로비Peter Salovey와 존 메이어John Mayer로 알려져 있다. 1990년 그들은 논문[12]에서 '감성지능Emotional Intelligence-EI'이라는 용어를 처음 사용했다. 감성지능을 감성의 인지, 평가, 표현능력, 생각을 촉진할 때 감각을 사용하는 방법, 감성지식과 감성의 이해, 감성

---

12 Salovey, P. & Mayer, J.D.(1990). Emotional intelligence, Imagination, Cognition, and Personality, 9, 185–211.

과 지성의 촉진 및 감성을 조절하는 능력으로 정의했다. 예를 들면, 언어지능은 단어를 이해하고 사용하는 능력을 말하고, 공간지능은 공간에 있는 어떤 대상을 이해하고 사용하는 능력을 말한다. 감성지능은 이처럼 상호 관련된 여러 종류의 지능들 중 하나이며 감성에 관한 정보를 이해하고 사용하는 능력을 가리킨다고 할 수 있다. 즉 감성지능을 지능의 하위개념으로 인식했다.

　이 책에서는 감성과 감정을 구분해 쓰고자 한다. 감성은 Emotion의 한국어 번역으로 '감각적 자극이나 인상을 받아들이는 마음의 성질'로 정의하고, 감정은 Feel의 한국어 번역으로 '어떤 일이나 현상, 사물에 대하여 느끼어 나타나는 심정이나 기분'으로 정의한다. 즉 감정은 느껴지고 인지하는 표출된 느낌(Flow, 유류적 개념)이고, 감성은 감정을 포함하여 보다 정형화되고 안정화된 상태 (Stock, 저장적 개념)로 이해하고자 한다.

감성리더십이 중요한 이유

이후, 감성지능을 리더십 영역으로 본격적으로 끌어온 사람은 미국 하버드 대학의 다니엘 골먼Daniel Goleman 박사이다. 골먼은 사실 감성리더십이라는 단어를 명확히 쓰지는 않았다. 그의 대표적인 책으로 국내에 출간된 《감성리더십》의 원서 제목도 'Emotional leadership'이 아니라, 'Primal leadership'이다. '근원적인, 중요한 리더십'으로 변역할 수 있다.

그러나 그는 하버드 비즈니스 리뷰에 실린 두 편의 논문에서 감성지능에 대한 중요성을 강조하고, 위대한 리더십을 발휘할 수 있는 열쇠는 바로 이 '감성지능'을 바탕으로 한 리더의 지도력이라고 했다. 리더가 자신과 자신이 맺고 있는 관계를 인식하고 통제하는 능력에 따라 리더십의 크기는 달라진다고 했다. 그래서 한국에서는 'Primal Leadership'을 감성리더십으로 번역한 것이 아닐까 추측한다.

골먼은 조직의 뛰어난 리더들의 역량을 회계나 사업기획과 같은 기술적인 능력, 분석적 추론과 같은 인지적인 능력, 다른 사람들과 공동으로 일하거나, 변화를 이끄는 데 효과적인 감성지능 등의 세 가지로 분류했다. 전통적으로 리더십과 관련된 결단력, 비전제시 등의 특성도 중요하지만 실제로 유능한 리더들은 높은 수준의 감성지능을 가지고 있음을 밝혀내었다.

특히 감성지능은 모든 업무 영역에서 다른 개인적이 능력보다 약 두 배 이상의 중요성을 보여주었고, 상위 계층의 리더일수록 감성지능의 중요성이 더욱 부각되는 것으로 나타났다. 또한 성과차이의 90퍼센트 이상이 이 감성지능에 영향을 받는 것으로 나타났다.

다니엘 골먼과 동료들은 감성지능을 네 개의 영역으로 구분했

다. 자기인식능력, 자기관리능력, 사회적 인식 능력, 관계관리능력
이 그것이다.

지금부터 그 내용을 더 구체적으로 내용을 살펴보자.

스스로의 감정에
무심한 팀장은 위험하다

팀장은 먼저 자기 자신을 알아야 한다

팀장은 자기인식능력을 갖추어야 한다. 자기인식이란 간단히 말해서 자신의 감정을 깊이 이해하는 것이다. 여기에는 자신의 능력, 한계, 가치관, 동기 등에 대한 이해도 포함한다. 어떠한 순간에도 자신의 감정을 정확하게 파악하고 상황에 따라 바뀌는 자신의 성향을 이해하는 능력을 말한다. 특정한 사건이나 도전적인 상황과 사람들에 대한 자신의 반응을 직접 조절할 수 있는 능력도 자기인식에 포함된다. 자기인식이 강한 사람은 현실적 감각, 즉 지나치게 자기 비판적이지도 않고 어리석게 낙관적이지도 않다.

자신의 감정을 빠르게 파악하기 위해서는 자신의 성향을 아는 것이 중요하다. 자신의 성장배경, 가족, 부모의 영향 등에 대해서 폭넓게 이해하는 것이 중요하다는 의미다. 자기인식을 높이기 위해서는 부정적인 감정에도 초점을 두어야 하는 불편함도 기꺼이 감수해야 한다.

내 감정의 방아쇠를 초기에 발견하라

팀장으로서 업무를 진행하다 보면 일반적으로 한 가지 이상의 감정을 경험한다. 그리고 이 감정은 업무의 성과에 직접적인 영향을 끼친다. 팀장 스스로 자신의 진짜 감정과 가짜 감정을 정확히 인식할 수 있어야 한다.

즉, 내 감정에 문제가 발생되었다면 이 초기 징후를 감지해주는 방아쇠를 발견하는 것이 중요하다. 이 방아쇠로 인하여 내 안에서 일어나는 감정의 급격한 흐름을 이해하게 되고, 그를 통해 자기인식 능력을 높일 수 있다. 내 감정에 격랑이 일어날 때 어떤 방아쇠가 있는지 생각해보자. 과도한 유머, 빈정거림, 침묵, 수다스러움, 목소리 커짐, 적개심 중 어떤 반응이 일어나는가? 행동이나 감정이 움직일 때, 그것을 알아볼 수 있을 정도로 나 자신을 객관적인

제삼자의 모습으로 분리할 수 있어야 한다. '아, 지금 감정이 ~~
구나'라며 상황과 감정을 제삼자의 모습으로 객관화할 수 있다면
악순환을 깨는 좋은 시발점이 될 것이다.

방아쇠가 움직일 것 같으면 마음에 집중하라. 이 방아쇠가 움직
이게 된 감정적 원인을 탐색함으로써 더 책임 있는 행동을 시작할
수 있다.

탁월한 팀장은 자기인식 수준이 높다

자신의 감정을 보다 정확하게 이해하기 위해서는 감정이 일어난
원인과 현재 상태에 대해 충분히 시간을 갖고 진지하게 생각하는
것이 좋다. 감정은 언제나 어떤 목적에 기여한다. 감정은 일상의
경험에 대한 반응이기 때문에 항상 원인이 존재한다.

종종 감정이 아무런 이유 없이 나타나는 것처럼 보일 때도 있지
만 무엇이 우리 반응을 이끌어내는 것인지 이유를 파악하는 것은
무척이나 중요하다. 이것을 이해하는 사람은 감정의 핵심을 재빨
리 파악하게 된다. 따라서 자기인식이 뛰어난 사람은 자신이 다른
사람보다 잘하는 것, 자신의 행동에 대한 동기, 자신에게 만족을
주는 요인, 그리고 어떤 상황에서 누가 자신을 자극하는지를 분별
하는 능력이 뛰어나다.

자기인식은 가장 기본적인 기술이다. 자기인식을 하고 있다면 다른 감성지능 기술을 쉽게 활용할 수 있다. 자기인식이 커질수록 삶에 대한 만족도도 지속적으로 증가한다.

자기인식은 성과를 내는 데도 대단히 중요하다. 조사결과, 탁월한 직무 수행 능력을 보이는 사람 가운데 83퍼센트가 자기인식 수준이 높은 것으로 나타났다.[13]

왜일까? 그 이유는 자신을 인식하는 사람은 올바른 기회를 추구하고, 최선을 다해 노력하며 무엇보다도 감정을 억제하는 능력이 뛰어나기 때문이다.

13 Travis Bradberry & Jean Greaves(2009), 《Emotional Intelligence 2.0》, Talent Smart®, P61~96.

기분이 태도가
되지 않게 하라

자기 자신을 관리하는 능력이 중요

팀장은 자기 자신을 관리할 수 있어야 한다. 자기 자신을 이해했다면 이젠 자기 자신을 관리할 수 있어야 하는데, 여기에서 관리는 당연히 감정과 관련된 부분이 크다.

자기관리 능력은 자기 자신과 나누는 내면의 대화와 비슷하다. 이는 자신이 감정을 느끼는 인식을 활용하여 적응력을 기르고 스스로의 행동을 바람직한 방향으로 이끌어가는 능력을 말한다. 다시 말해 상황과 사람에 대한 감정적인 반응을 관리하는 것을 의미한다. 이는 우리가 감정의 노예가 되지 않도록 만들어준다.

팀장은 무엇보다 감정의 균형을 잡아야 한다. 즉 자신의 감정을 통제할 수 있어야 한다. 너무나도 당연한 말이지만 팀장이 자신의 감정을 다스리지 못하면 다른 사람의 감정을 효과적으로 제어할 수 없다. 중요한 것은 팀장의 개인적인 삶의 문제가 그가 업무상 맺고 있는 관계에 영향을 주어서는 안 된다는 것이다. 자신의 분노를 거리낌 없이 표현하고 자신의 괴로움을 닥치는 대로 발산하는 팀장은 자신의 팀을 최상의 업무수행으로 이끌 수 없다.

어떤 감정은 온몸을 마비시킬 정도로 공포를 유발하고 사고를 흐리게 하기 때문에 최선의 행동을 할 수 없게 만든다. 이러한 경우 자기관리 능력은 자신의 감정과 선택 대안에 대해 탐구하는 한편, 불확실성을 이겨내는 능력의 형태로 발휘된다. 우리가 자신이 느끼는 감정을 이해하고 그 감정을 편안하게 받아들일 수 있을 때 자연스럽게 최선의 행동이 나타난다.

자기관리는 갑작스럽게 폭발하는 감정이나 문제가 있는 행동을 억누르는 것 이상을 의미한다. 팀장이 직면한 가장 큰 도전은 시간이 지나면서 형성된 자신의 성향을 관리하고 다양한 상황에서 이러한 관리기술을 적용하는 것이다. 결코 쉽지 않다. 하지만 자기인식(이해영역)이 제대로 된 사람은 당연히 자기관리(행동영역)가 따라오게 된다.

팀원의 감정을 잘 살펴보라

한편 팀장은 팀원의 감정을 잘 살펴야 한다. 골먼은 이를 사회적 인식능력이라고 정의했다. 사회적 인식능력은 타인의 감성을 정확하고 명료하게 이해하는 능력이다. 간단히 말하면 감정이입의 능력을 말한다.

이는 다른 사람의 얼굴과 목소리로 그 사람의 감정을 읽어내고 대화 도중에 상대방의 감정에 동조하는 능력이기도 하다. 또한 다른 사람의 감정을 정확하게 짚어내어 실제로 그 사람에게 어떠한 일이 일어나고 있는지를 파악하는 능력을 말한다. 골먼은 이러한 동조현상을 '공명 Resonance'이라고 정의했는데, 서로 주고받는 가운데 내적으로 적용되는 조화의 과정으로 설명했다. 일반적으로 엄마와 자녀 사이, 커피 한잔을 두고 서로 대화를 나누는 친구 사이, 일을 하면서 함께 웃는 팀원들 사이에서 쉽게 발견되는 현상으로 조직을 하나의 감정으로 휘어잡을 수 있는 방아쇠가 된다.

아울러 골먼은 감정이입의 능력이 감성지능이 높은 리더가 꼭 갖춰야 할 능력 중의 하나라고 하면서도, 리더가 다른 사람들의 마음을 움직이려면 공감의 기반 위에서 자신의 메시지를 잘 표현하는 능력도 매우 필요하다고 강조했다. 이러한 공감을 일으키는 능력은 자신에 대한 확신을 갖고 자신의 감정과 느낌을 표현할 수 있는 리더에게서 나오는 것이다.

듣기와 관찰의 중요성

듣기와 관찰은 사회적 인식 능력에서 가장 중요한 요소이다. 주변에서 일어나는 일을 주의 깊게 듣고 관찰하기 위해서는 당장 하고 싶은 것을 멈춰야 할 때가 있다. 즉 대화 도중에 혼자만의 생각에 빠지지 말아야 하고, 다른 사람이 말하려는 것을 예측하지 말아야 한다.

대화에서 공감적 경청은 매우 중요하다. 공감적 경청은 상대방의 입장에서 그의 기분을 수용하며 대화의 내용을 이해하고 반응하는 것이다. 상대방이 전달하고자 하는 대화의 내용은 물론, 그 대화 속 이면에 숨겨진 상대방의 감정과 요구에 귀를 기울이는 것이다. 맥락을 함께 읽는 것이다.

사회적 인식능력, 특히 다른 사람의 관점에 귀를 기울이고 받아들이는 감정이입의 능력은 공감을 불러일으켜야 하는 리더의 과업에서 매우 중요한 능력이 된다. 특정한 순간에 팀원들이 느끼고 있는 감정에 동조함으로써 리더가 그 상황에 맞는 말과 행동을 할 수 있는 것이다. 팀원들의 감정에 동조하는 리더는 그 팀을 잘 이끌어갈 수 있는 공동의 가치와 꿈, 목표, 일의 순서를 파악할 수 있다.

4차 산업혁명의 파도가 거세게 밀려오는 오늘날의 환경 속에서 다양한 팀원들과 호흡을 맞추고 더불어 성과를 창출하려면 감정 이입의 능력, 사회적 인식능력이 무엇보다 중요하다.

팀원의 마음을
움직이는 방법

관계관리 능력의 중요성

감성지능의 마지막은 다른 사람들과의 관계를 잘 관리하는 것이다. 골먼은 이를 관계관리 능력이라고 정의했다. 사회적 인식과 관계관리는 따로 떨어져 있지 않다. 사회적인식(이해영역)이 제대로 된 사람은 당연히 관계관리(행동영역)가 따라온다.

관계관리 능력은 타인의 감성을 효과적으로 관리하는 능력으로, 자신의 감정을 다른 사람의 건설적인 활동이나 성과와 연결할 수 있는 능력과 관련이 있다. 이 능력을 갖춘 리더는 변화관리에 능숙하며, 조직 내 갈등을 효과적으로 해결해내는 능력을 갖고 있다.

관계관리는 오랜 기간에 걸쳐 다른 사람과의 유대를 강화하는 과정이라 할 수 있다. 관계관리 능력이 뛰어난 사람은 다양한 사람과 접촉하여 유익을 얻을 뿐만 아니라 자기가 좋아하지 않는 사람과도 관계를 맺을 줄 안다.

우리는 타인과의 돈독한 관계를 추구하고 또 이를 소중히 여겨야 한다. 돈독한 관계는 사람을 이해하고 대하는 방식, 그리고 타인과 공유하는 역사를 결정한다. 다른 사람과의 관계가 약할수록 자신의 뜻을 전달하기 힘들다. 다른 사람이 자신의 말을 들어주기 원한다면 관계관리를 연습하고 모든 관계를 유익한 방향으로 이끌어 나가야 한다.

공감에 대한 우리의 흔한 오해

타인에 대한 인식과 관계관리를 관통하는 중요한 개념은 공감이다. 골먼은 이 공감을 상대방의 관점에서 세상을 바라보고, 상대방이 상황을 어떻게 생각하고 느끼는지에 주파수를 맞추는 능력으로 정의했다.

우리는 종종 공감에 대해 오해를 한다. 먼저 공감共感, empathy은 동정同情, sympathy과는 다르다. 한국어는 비교적 구분이 쉽지만, 영어로는 empathy, sympathy로 혼동해 사용되는 경우가 많다. 동정은 내 입장에서 다른 사람의 상황을 이해하고 반응하는 것이다. 감정을 동일시하려고 노력하는 것이다.

일반적으로 동정의 대화는 '나' 중심이다. "(나는) 그 소식을 들으니 정말 유감이네!" "나의 위로를 그에게 전해줘." 이 말들은 상황에 적합한 말들일 수 있지만, 상호작용을 일으키지는 못한다.

그러나 공감은 다르다. 공감은 위에서도 언급했듯이 상대방의 관점에서 세상을 바라보고, 상대방이 상황을 어떻게 생각하고 느끼는지에 주파수를 맞춘다. 상대방의 감정에 나를 넣어야 한다. 그렇기에 대화는 '상대방' 중심이다. "(당신은) 매우 속상하고 그래서 그런 행동을 할 수 밖에 없었군요"라는 공감은 상호작용에 영향력을 발휘한다. 즉, 팀장의 언어가 된다.

공감을 다른 사람의 의견에 대해 동의하거나 승인하는 것으로 오해하는 경우가 많다. 하지만 그렇지 않다. 공감은 그 사람의 입장이 나와 다를지라도 그 사람의 입장이나 견해를 인정하는 것이다. 어떤 판단이나 유효성 여부를 떠나 그 사람의 입장이나 견해를 인정하는 것이다.

직위가 올라갈수록 감성리더십이 필요하다

자기인식, 자기관리, 사회적 인식이라는 세 요소는 관계관리 능력에서 하나로 묶인다. 그런 면에서 관계관리 능력은 감성리더십 구성의 최종 귀착점이 된다. 관계를 노련하게 관리한다는 것은 다른 사람의 감정을 잘 다룬다는 것이라고 이해할 수 있는데, 이를 위해서는 기본적으로 리더는 자신의 감정을 인식하고, 자기를 관리하고, 또한 다른 사람의 감정에 동조함으로써 자신이 이끄는 사람들의 감성에 파장을 맞출 수 있어야 한다.

관계를 관리한다는 것은 단순하게 다정다감한 것과는 의미가 다르다. 관계를 관리한다는 것은 목적성이 뚜렷한 다정다감함이다. 마케팅 전략에 동조하거나 새로운 프로젝트에 대한 열정에 동조하는 것처럼 어떤 상황에서라도 목적성을 갖고 팀원들을 올바른 방향으로 이끄는 것을 말한다.

감성지능을 갖춘 팀장은 자신의 사명, 가치관, 꿈을 명확히 자각하고 있기 때문에 조직이나 팀의 구성원들에게 올바른 방향을 제시할 수 있다. 아울러 조직이나 팀의 비전과 목표를 명확히 자각하고 있으면서 어떤 역경에도 굴하지 않고 조직 구성원들을 이끌고 나갈 수 있다.

결국 리더십의 내용과 실행이 더욱 복잡해지면서 타인들과의 협력이 매우 절실하게 되었고, 그에 따라 관계를 다루는 리더의 능력은 더욱 중요해지고 있다. 이러한 협력을 가장 필요로 하고, 가장 활발히 해야 하는 조직이 상층부의 조직이 되며, 개인적으로는 직위가 올라갈수록 이러한 능력이 가장 요구된다.

위의 감성리더십의 네 가지 구성요소들 간의 관계를 2×2 매트릭스로 정리하면 다음과 같다.

[그림 8-1] 감성리더십의 4가지 구성요소 관계

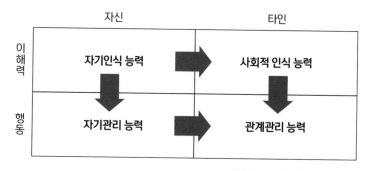

출처: 김정현(2016), p.20, 재인용

탁월한 팀장들은 인지능력만으로 팀이나 조직을 이끌지 않는다. 아니 이끌 수 없다. 탁월한 팀장들은 감성지능, 감성역량에 기반을 둔 감성리더십으로 팀이나 조직을 이끌고 있다. 나의 조직이나 팀이 잘 움직이지 않고 있다면 혹시 감성이라는 윤활유, 에너지를 넣는 데 소홀하고 있지는 않은지 스스로 물어보기 바란다.

위기의 순간 힘을 발휘하는
감성리더십

충동의 문을 열어젖힌 최 팀장
vs 감성지능이 뛰어난 김 대리

최 팀장은 회사에서 잘 나가는 팀장이다. 이벤트 기획팀 팀장으로 신제품 출시 프리젠테이션을 맡았다, 현장 발표 도우미가 두세 명 필요한데, 이들의 역할은 전체 프리젠테이션에 큰 부분을 담당하기에 중요했다. 도우미 섭외는 홍보팀의 전지원 씨가 담당했다. 그런데 행사 전날까지도 현장에서 도움이 될 만한 도우미가 섭외되지 않았다. 전지원 씨는 급한 마음으로 최 팀장에게 전화를 걸었다.

"팀장님, 너무 죄송합니다. 계속 전화를 걸며 알아보고 있지만, 경험이 있고 센스 있는 도우미를 확보하지 못했습니다. 오늘 늦게라도 확보해 명단을 알려드리겠습니다."

그러나 최 팀장은 사정을 듣고도 화를 냈다.

"야, 일을 이따위로 할 거야? 이 행사를 얼마나 오랫동안 준비했는지 몰라? 그리고 이 행사가 올해 처음이야? 매년 했던 행사잖아? 이번 행사 망치면 어떻게 되는지 알아? 회사에 손실이 얼마나 큰지 알아? 만약 도우미 때문에 문제가 발생되면 너부터 자를 거야. 알았어?"

사실 그가 필요로 하는 도우미를 알아봐줄 수 있는 유일한 사람은 전지원 씨 밖에 없는 데도 악다구니를 쏟아내었다. 최 팀장은 화를 분출하며 자신의 기분을 누그러뜨릴 수는 있었겠지만, 중요한 실익은 얻지 못했다. 분노를 표출한 대가로 내일 있을 행사를 망가뜨릴 위험성이 커졌다.

같은 팀 김 대리는 이 상황을 전해 듣고 시간이 조금 흐른 뒤 전지원 씨에게 전화했다.

"지원 씨, 고생이 많으시죠? 정말 힘드시겠어요."

김 대리는 흥분하지 않고, 전지원 씨의 상황을 이해하고 위로했다. 지금 이 순간에 이벤트 기획팀을 도와줄 사람은 전지원 씨라고 생각했기에 일을 잘 처리하도록 돕는 것이 최선이라고 생각했기 때문이다.

김 대리는 도울 것이 없는지 물었고, 전지원 씨는 다소 흥분했던 마음도 가라앉혔다. 몇 시간 후 전지원 씨는 김 대리에게 전화를 했다.

"김 대리님, 내일 행사에 도움을 줄 도우미 세 명 명단을 이메일로 보내드렸어요. 올해 상반기 다른 행사에서도 뛰어난 역할을 했던 친구들이라 내일 행사에도 많은 도움이 될 것 같아요. 제가 빨리 일을 처리하지 못해 죄송합니다."

"전지원 씨, 늦게까지 너무 고생하셨어요. 좋은 분들로 섭외해주셔서 감사합니다. 내일 행사는 잘될 것 같습니다. 팀장님께 최종명단 보고할게요."

김 대리는 오랫동안 공들인 이번 이벤트 행사를 망가뜨리게 되면, 금전적 손해는 말할 것도 없고 고객들이 회사나 기획팀에 갖고 있던 신뢰가 손상될 것이라고 생각했다. 그래서 김 대리는 감정의 문을 열어젖히기보다는 스스로에게 가장 최선의 것을 선택했다.

리더로서 조심해야 할 것들이 많다. 그중 하나가 충동을 조절하는 것이다. 사회생활을 하면서 스펙도 뛰어나지 않고, 외모가 호감형도 아니고, 집안이 좋아 뒤에서 든든히 밀어주는 것도 아닌데, 사람들이 존경할 만한 자리에 앉아 있는 사람들을 간혹 볼 때가 있다. 반면에 스펙도 뛰어나고, 배경도 좋은데 그 사람에게 어울리지 않는 초라한 위치에 있는 사람들도 있다. 그런 위치에 오게 된 여러 이유가 있겠지만, 내 경험으로는 충동의 문을 잘 컨트롤 했는지 아닌지에 따른 결과일 확률이 높다.

충동의 문을 함부로 열지 마라

최 팀장은 우리가 주위에서 어렵지 않게 보는 '충동의 문을 열어젖히는 사람'의 전형적인 모습이다. 최 팀장은 자신의 위치를 과신했고, 상대방은 전혀 배려하지 않았다. 그는 그 대가로 혹독한 결과를 마주할 위험을 갖게 되었다. 하지만 감성지능이 뛰어난 김 대리 덕분에 행사가 파국으로 치닫는 것은 막을 수 있었다. 탁월한 팀장으로서 리더십을 발휘하려면 충동의 문을 함부로 열어젖혀서는 안 된다.

충동의 문을 함부로 열어젖히는 사람들은 성급하거나 흥분을 잘하고 변덕스럽다. 또한 좌절에 대해 인내심이 부족하고 압력이 강하면 충동적 결정을 내린다. 감정의 기복이 많기에 안정적인 대인관계를 유지하기도 쉽지 않다. 그에 따라 좋은 성과를 지속적으로 만들어내기 어렵다.

반면 충동의 문을 제어하는 사람은 문제에 즉각 반응하지 않고 문제를 차분하게 살피도록 주의한다. 계획에 따라 침착하게 행동하고 치밀하게 움직이며 어려운 상황이나 압력에도 당황하지 않고 냉정을 유지하며 충동적 결정을 내리지 않는다. 감정의 기복이 많지 않기에 대인관계가 편하고 그에 따라 좋은 성과도 지속적으로 도출한다.

✏️ 감성리더십의 네 가지 구성요소 중, 팀장으로서 당신이 가장
부족하다고 생각하는 영역은 무엇인가? 그렇게 생각한 이유는
무엇인가?

_____

_____

_____

_____

_____

✏️ 팀장으로서 혹시 충동의 문을 열어 손해를 보거나 사람과의
관계에서 어려움을 당한 경험을 적어보라.

_____

_____

_____

_____

_____

_____

✏️ 충동의 문이 열리려고 할 때, 알아차릴 수 있는 당신만의 방아쇠를 한두 가지 찾아보라.

_____

_____

_____

_____

_____

_____

_____

_____

_____

_____

_____

_____

_____

감성리더십 진단지

다음은 감성리더십에 관한 문항들이다. 자신과 가장 일치한다고 생각되는 곳에 체크해보라.

	문항	전혀 그렇지 않다	그렇지 않다	보통 이다	그렇다	매우 그렇다
1	나는 나의 감정을 이해하고 있다.	①	②	③	④	⑤
2	나는 나의 장점과 단점을 알고 있다.	①	②	③	④	⑤
3	나는 나의 능력에 대해 알고 있다.	①	②	③	④	⑤
4	나는 나의 감정을 다스릴 줄 안다.	①	②	③	④	⑤
5	나는 나의 실수를 인정할 줄 안다.	①	②	③	④	⑤
6	나는 새로운 도전과 변화에 유연하게 대처한다.	①	②	③	④	⑤
7	나는 설정된 목표를 위해 팀원들이 도전하도록 이끈다.	①	②	③	④	⑤
8	나는 현실에 만족하기보다는 새로운 기회를 찾고자 노력한다.	①	②	③	④	⑤
9	나는 긍정적이다.	①	②	③	④	⑤
10	나는 사람들의 감정을 잘 이해한다.	①	②	③	④	⑤
11	나는 조직의 관계와 원칙을 잘 이해하고 있다.	①	②	③	④	⑤

12	나는 직원과 고객의 요구를 잘 파악한다.	①	②	③	④	⑤
13	나는 직원들에게 비전을 제시함으로써 동기부여를 한다.	①	②	③	④	⑤
14	나는 설득력 있게 사람의 마음을 잡아 끄는 힘이 있다.	①	②	③	④	⑤
15	나는 구성원들과 좋은 인간관계를 유지하고 있다.	①	②	③	④	⑤
16	나는 새로운 변화를 조직구성원들에게 주고자 노력한다.	①	②	③	④	⑤
17	나는 회사 내의 갈등관리를 잘하고 있다.	①	②	③	④	⑤
18	나는 팀워크(공동체 의식과 사기)를 이끌어낼 줄 안다.	①	②	③	④	⑤

- **1~3번:** 자기인식 능력
- **10~12번:** 사회적 인식 능력
- **4~9번:** 자기관리 능력
- **13~18번:** 관계관리 능력

[평가]

자기인식 능력	13점~15점(Excellent), 10~12점(Good), 7~9점(Average), 3~6점(Poor),
자기관리 능력	25점~30점(Excellent), 17~24점(Good), 13점~18점(Average), 6~12점(Poor)
사회적 인식 능력	13점~15점(Excellent), 10~12점(Good), 7~9점(Average), 3~6점(Poor)
관계관리 능력	25점~30점(Excellent), 17~24점(Good), 13점~18점(Average), 6~12점(Poor)

출처: 김정현(2016), P.137. 수정

Chapter.9

모든 문제는
팀장의 말투에서
시작된다

_ 소통법

회사에서 인정받는 팀장은 말투부터 다르다

성과 높은 윤 팀장의 특별한 소통법

교육회사 영업1팀 팀장인 윤 팀장은 다른 팀장들과 달랐다. 윤 팀장은 다른 팀장들처럼 전략적이지도 치밀하지도 않았다. 다른 팀장들보다 나이가 많기도 했지만 요즘 젊은 팀장들이 주로 사용하는 IT기기나 SNS을 즐겨 사용하지도 않았고, 능력이 탁월하지도 않았다. 하지만 그가 맡은 팀은 언제나 성과가 좋았다. 팀의 분위기도 다른 팀들과 비교될 정도로 좋았다. 윤 팀장의 어떤 능력이 고성과 팀을 만들도록 이끌었을까?

윤 팀장은 팀원들 속에 있었다. 팀원들이 도움을 청하면 언제나 응대해주었다.

또 업무 이야기보다는 그들의 사적인 이야기, 직장에서의 어려움 등 성과와는 무관해 보이는 일에도 많은 상담시간을 할애했다. 그는 팀원들 어깨 한번 쳐주면서 "잘되지?", "오늘 좋아 보이는데?", "역시 김 대리야"라는 말을 잘 건넸다.

하루는 그를 의아하게 여긴 옆 팀의 강 팀장이 윤 팀장한테 물었다.

"윤 팀장, 팀원들 상담할 때 업무적인 부분을 주로 코칭해야 되는 거 아니야? 그냥 팀원들 얘기만 들어주면 어떡해? 그래도 참 희한하다. 네 팀은 항상 목표를 달성하니 말이지, 넌 팀원 복이 많은가봐."

그러면 윤 팀장은 웃으며 이렇게 말했다.

"내가 뭐 그리 아는 게 없잖아. 그 친구들 이야기 잘 들어주고, 잘 하라고 어깨 두드려 주는 게 내가 잘 할 수 있는 일인 것 같아. 요즘 친구들 하도 똑똑해서 본인들 일 처리는 알아서 잘 하잖아."

그는 팀원들과 관련된 경조사는 하늘이 두 쪽이 나도 꼭 챙겼고, 특히 팀원이 부모님 상을 당할 때면 함께 밤을 새며 자리를 지켰다. 그것이 윤 팀장의 소통법이었다. 4차 산업혁명으로 인공지능과 언택트가 주류가 되는 세상이지만, 윤 팀장이 하는 아날로그의 소통법은 여전히 큰 효과를 발휘하고 있었다.

교육전문업체 휴넷이 2020년 3월 팀장급 직장인 512명을 대상으로 가장 부족하다고 생각하는 역량을 설문조사를 했다. 그 결과, 1위는 커뮤니케이션 부족(34.4퍼센트)이었다. 팀장은 여러 역할에서 특히 소통을 어려워했다. 조직에서 직원교육으로 가장 많이 하는 교육 중에 하나도 '소통'이다. 자기계발서 중에 가장 많은 책들이 '소통'에 대해 다룬다. 그만큼 소통이라는 주제는 중요하고 한편으로는 어렵다. 하지만 조직생활 자체가 소통이 아닐까 싶다.

과연 어떻게 하면 소통을 잘하는 팀장이 될까?

소통의 방법론을 잘 몰라서 소통을 잘하지 못하는 팀장은 많지 않을 것이다. 결국은 자연스럽게 몸에 배이게 해야 한다. 그러기 위해서는 무엇보다 훈련을 해야 한다. 본능적으로 자신의 옛 모습으로 반응하는 것이 아니라, 훈련된 모습으로 반응해야 하는 것이다.

골프를 처음 배울 때 어떻게 하는가? 책을 보고, 유튜브 동영상도 보고, 또 코치한테 배우기도 한다. 그런다고 공이 잘 맞는가? 잘 안 된다. 매일 골프 연습장에서 자세를 연습하고, 손의 코킹을 만들어보고, 공의 위치를 바꿔 보고, 하프스윙에서 풀스윙으로 적용범위를 넓히면서 몸에 익힌다. 이런 연습이 된 이후에는, 실전 필드에서 공의 위치가 평지나 벙커 등 다양한 위치에 있어도 샷은 어렵지 않게 된다. 이론을 몰라서가 아니라 훈련을 통해 내 몸에 배이게 하는 것이 중요하다.

소통도 이와 같다. 소통의 이론이 어렵다고 생각하지 않는다.

단지 우리에게 중요한 것은 훈련이고 적용이고 체득이다.

소통은 성과창출에 필수 요소

조직이 팀장에게 요구하는 것을 한마디로 말한다면 드러커가 말한 대로 성과창출일 것이다. 성과창출을 하기 위해 팀장에게 문제의식과 민첩한 판단, 과감한 의사결정 등과 같은 역량이 요구된다. 그런데 이러한 역량들은 팀원들과 감성에 기반한 소통을 하는 데 오히려 걸림돌이 되기가 쉽다. 문제가 있는지 늘 파악해야 하고, 그에 따라 민첩한 판단을 내려 일을 진행하려면 소통에 대한 이슈는 상대적으로 작아질 수밖에 없다.

그럼에도 이제는 팀원들과 함께 성과를 내야 하는 시대가 되었다. 팀원들과의 소통은 성과창출에 필수적인 요소가 되었다. 일을 할 때는 좌뇌 중심의 냉철함이 요구된다면, 사람을 대할 때는 우뇌 중심의 감성이 요구된다고 할 수 있다.

워싱턴 주립대의 존 가트맨 박사John M. Gottman는 친밀한 관계를 단절시키는 네 가지 독毒이 있다고 했다. 비난, 경멸, 방어, 담 쌓기가 그것이다. 가트맨은 오랫동안 부부의 관계를 연구하며, 부부가 이혼하는 전조로 이 네 가지 독을 발견했다. 어떻게 보면 가정에서 보내는 시간보다 회사에서 보내는 시간이 많은 직장인에게 회사는 제2의 가정이요, 동료는 제2의 가족이다. 그렇다면 우리 팀에도 가트맨의 연구를 적용해볼 수 있을 것이다.

단절이 아닌 연결로 향하는 구체적인 방법을 배워 보자.

관계를 단절시키는 4가지 독

첫째, 비난하지 말고 상황에 대해 예의 바르게 의견을 말해보자. 비난은 남의 잘못이나 결점을 책잡아서 나쁘게 말하는 것이다. 여기에는 판단과 과장이 포함된다.

"김 대리는 말만 앞서고 항상 일 처리는 늦더라."

이 말에는 비난이 있다. '항상'이라는 단어 속에서 판단과 과장이 드러난다. 이 경우 대화의 단절이 발생할 수 있다.

"김 대리, 지난번 부탁한 일이 늦어지고 있는데, 좀 더 속도를 내서 처리해줬으면 해요"라고 상황에 대해 예의를 갖추어 의견을 말해보자.

둘째, 방어하는 말을 하지 말고 솔직하게 인정하고 받아들이자. 방어는 상대방의 공격을 막는 것이다. 방어의 형태는 다양하게 표출된다. 분노, 되받아치기, 짜증내기, 징징거림, 과도하게 고통스러워하기 등의 표현으로 표출된다.

김 대리의 보고서가 많이 늦어졌다고 해보자. 팀장이 "김 대리의 보고서를 이처럼 오랫동안 기다리지만 않았어도 우리 팀 최종 보고서는 이미 상무님 책상에 있겠지"라고 말하는 것은 늦게 제출할 수밖에 없었다고 말하는 김 대리의 공격을 되받아치는 대화다. 이 경우도 대화가 단절될 수 있다.

"김 대리, 보고서가 늦고 있네. 그래서 우리 팀의 최종 보고서도 늦고 있어. 함께 분발하자고!" 솔직히 상황을 인정하고 받아들이면 대화는 단절되지 않는다.

셋째, 경멸 대신 신뢰와 존중을 나타내는 말을 한다. 경멸은 상대방을 깔보고 업신여기는 것이다. 경멸은 상대방이 열등하다는 생각을 함축한 표현법이다. 무시, 비아냥거림, 우습게 보기 등의 표현으로도 나타날 수 있다.

"김 대리, 뭐하고 다니는 거야? 이걸 알아보려고 대리점을 몇 군데씩이나 돌아다녔어? 시간낭비일 뿐이야!"라고 말하는 것은 상대방의 행동을 무시하고 우습게 보는 대화방식이다. 대화의 단절이 발생할 수 있다.

"김 대리, 어려운 일 때문에 여러 대리점을 돌아다녔구나. 고생많았네. 뭐 좀 새롭게 찾아낸 것이 있어?"라고 신뢰와 존중이 포함된 대화법으로 말해보자.

넷째, 담 쌓기 대신 의도적으로 소통의 다리를 만드는 대화법을 시도해보자. 팀원은 감정의 계좌가 마이너스가 되기 시작하면 반응하지 않는다. 대신에 마치 모든 자극을 밀어내고 차단해버리는 극단적인 모습을 보인다. 담 쌓기는 무관심, 건성으로 답하기, 비꼬기 등의 표현으로 나타난다.

이러한 경우 팀장은 팀원의 내면이 아프다고 판단해야 한다. 감정의 계좌를 채워줘야 한다. 이미 시작된 단절의 골에 의도적으로 다리를 놓아야 한다.

식사도 같이 하고, 부담스럽지 않은 가벼운 선물도 건네며 의도적으로 다리를 놓아 감정의 마이너스 잔고를 플러스로 바꿔야 한다. 팀장 나름대로의 지혜가 필요하다.

의도적 집중법과
BMW 경청법

소통의 첫 단추인 경청

소통의 전제는 상대방이다. 상대방이 없는 소통은 성립될 수 없다. 소통이 주고받는 흐름의 관계라면, 소통의 시작은 당연 상대방의 말을 잘 듣는 것, 즉 경청에서 시작된다. 경청에서 청聽을 한자로 보면, 귀耳로 듣고, 눈目으로 보고, 마음心으로 이해하고, 상대방을 왕王처럼 대한다는 뜻이 있다.

사람들과 대화해보면 말하기보다 듣는 것이 훨씬 어려운 일이라는 걸 깨닫게 된다. 집중해서 듣는 것이 말하는 것보다 세 배 이상의 에너지를 필요로 한다고 한다. 한 예로 대부분의 상담 전문 가들이 초기 상담에서 내담자의 얘기를 들어주기만 하는데도 집에 오면 거의 탈진이 된다고 한다. 이처럼 경청은 결코 쉽지 않다.

의도적 집중법

경청을 잘하기 위한 최고의 방법은 '의도적 집중'이다. 인간의 뇌는 말하기의 네 배 속도로 듣는다고 한다. 때문에 의도적으로 상대방의 말에 집중해야 한다. 의도적으로 집중하지 않으면, 인간의 뇌는 상대방이 말하는 속도보다 훨씬 빠른 속도로 정보를 습득하기에 듣는 사람 입장에서는 정보 처리의 여유가 생긴다. 그여유 속에서 다른 것들을 생각하거나 사소한 일들을 처리하게 된다. 본인은 충분히 잘 듣는다고 생각하기 쉽다.

집중하기 위해서는 상대방이 말하는 동안 다른 것에 생각을 뺏기지 않고, 상대방이 말한 배경이나 의도 등 상대방 자체의 정보에 대해 알아보려고 노력해야 한다. 상대방의 표정, 말투 등 비언어적 표현 등을 면밀히 살펴보는 것이 중요하다. 더불어 메모를 하는 습관을 붙인다면 더욱 효과적일 것이다.

우리는 간혹 대화를 통해 상대방의 문제를 해결해줘야 한다는 과도한 책임감을 갖는다. 그러나 해결은 문제를 소유한 상대방 본인 스스로 하는 경우가 더 많다.

팀장을 하면서 여러 번 이런 경험을 했다. 한 예를 들어보겠다.

"팀장님, 고민이 있습니다. 요즘 직장생활이 재미가 없고, 성취감도 없고 스스로도 많이 뒤처진다는 느낌이 많아요. 어떻게 해야 할지 고민이에요."

"어, 그래? 내가 보기에도 요즘 근태가 조금 안 좋아 보이긴 하던데. 하하."

대화를 시작하면서 그 팀원의 얘기를 집중해서 잘 들어주었다. 그랬더니 팀원 스스로 해결책을 찾았다.

"팀장님, 사실 제가 요즘 여친이랑 사이가 안 좋거든요. 제가 너무 감정소모가 많았던 것 같아요. 제가 다시 한 번 마음을 추스려야 할 것 같아요. 내일부터는 자기계발을 위해 어학원도 다시 등록하고, 출근도 30분 먼저 해서 업무도 챙겨야 할 것 같아요. 팀장님, 감사합니다."

팀장인 나는 아무것도 한 게 없다. 그냥 잘 들어준 것 밖에 없는데, 팀원 스스로 문제를 내놓고 해결안도 찾아갔다. 이런 경우가 꽤 있다. 사람은 누구나 좋은 결과를 만들어내고자 하는 본능이 있다. 잘 들어만 주어도 상대방이 스스로 문제를 해결하는 경우가 많다.

경청을 효과적으로 하기 위한 세 가지 방법을 제안한다. 유명한 자동차 BMW로 기억하자.

BMW로 기억하는 경청법

첫째, 공감적 Beholding 으로 경청하자. 공감이란 상대방의 입장과 마음이 되어보는 것이다. 듣는 이인 내 마음대로 생각하는 것이 아니라, 상대방이 말하고자 하는 것이 무엇인지 이면의 입장과 마음을 파악하려고 노력하는 것이다. 듣는 이는 사고의 유연성을 가질 필요가 있고 상대방의 상황과 배경, 가치관 들에 대해서 이해의 폭을 넓혀 그 사람의 감정에 나의 느낌과 생각을 맞춰가도록 노력해야 한다. 그럴 경우 상대방의 이야기를 정확히 읽어낼 수 있다.

둘째, 미러링 Mirroring 으로 경청하자. 미러링은 거울을 보듯이 상대방을 비춰주는 것이다. 즉, 대화에서 상대방에게 보조를 맞춰주는 것인데, 위의 첫 번째가 마음으로 맞춰주는 것이라면 둘째 미러링은 몸으로 맞춰주는 것이다. 상대방이 대화 도중, 몸을 앞으로 기울이면 듣는 나도 몸을 앞으로 기울이는 것이다. 상대방이 잠깐 대화를 멈추고 커피잔을 들어 올리면, 듣는 나도 대화를 멈추고 함께 커피잔을 들어 올리는 것이다. 이렇게 상대방의 흐름에 맞춰서 듣는다는 것은 상대방을 배려한다는 느낌을 줄 뿐 아니라, 상대방의 신체적 대화와 변화에도 귀 기울일 수 있다.

셋째, 말 Wording로 경청하자. 말로 경청하기는 듣는 내 말로 확인하는 과정이다. 상대방의 말이 내 머리와 가슴에 들어와서 다시 밖으로 나가는 과정에서 내 말로 정리해서 표현되는 것이다. 예를 들어 "김 대리는 이 주임의 잘못이 더 크다고 생각하는 것 같은데 맞나요?", "김 대리가 얘기한 것을 정리하면 증빙자료를 매번 모아서 서랍에 차곡차곡 넣어 놓았는데, 그게 없어졌다는 거군요", "김 대리는 이 주임이 자기 일만 하고 바로 퇴근하기 때문에 김 대리를 무시하는 것으로 느끼는 것 같네요. 나도 그랬을 겁니다."라고 말하는 것이다.

말로 경청한다는 것은 듣는 내가 딴청하지 않고 얼마나 잘 듣고 있는가를 확인해준다. 만약 듣는 내가 산만하게 다른 생각이나 행동을 했다면 말로 정리해서 표현하는 것은 불가능하다. 또한 상대방이 말하는 것과 내가 이해한 것에 차이가 없는가를 확인하는 좋은 수단이 된다.

나를 파악하는
조하리의 창

우리는 자신에 대해 얼마나 알고 있는가

소통에서 자기 자신을 아는 일은 매우 중요하다. 그러나 대부분의 사람이 자기 자신을 잘 알지 못한다. 자기는 열린 소통을 한다고 생각하는데, 주위 사람들은 동의하지 않는다. 자기는 상대방을 많이 배려하는 소통을 한다고 하지만, 주위 사람들은 동의하지 않는다. 어떻게 보면 소통에서 많은 문제가 발생되는 지점이 여기이기도 하다.

자신을 바라보는 좋은 모델은 '조하리의 창Johari Window'이다. 이

것은 미국의 심리학자 조셉 루프트Joseph Luft 와 해리 잉햄Harry Ingham
의 앞 글자를 따서 지어진 이름이다(이 장의 끝에 나의 '조하리의 창'을
진단해볼 수 있는 진단지를 넣었다).

이 모델의 한 축은 자기를 얼마나 노출시키는지를, 다른 한 축
은 내가 상대방의 피드백을 얼마나 수용하는지를 기준하여, 네 개
의 영역을 보여준다. 열린 창Open Area, 보이지 않는 창Blind Area, 숨겨
진 창Hidden Area, 미지의 창Unknown Area으로 구분했다.

[그림 9-1] 조하리의 창

	자신이 아는 부분	자신이 모르는 부분
다른사람이 아는 부분	열린 창	보이지 않는 창
다른사람이 모르는 부분	숨겨진 창	미지의 창

열린 창은 내가 나 자신에 대해 알고 이해하는 모든 것을 포함
하고 다른 사람들이 나에 대해 알고 이해하는 것을 말한다. 예를
들어, 내가 정장 슈트를 좋아한다고 해보자. 정장 슈트를 쇼핑하

는 데 시간을 소비한다. 이것은 내가 정장 슈트를 입음으로써 다른 사람에게 전달된다. 내가 입는 것과 내가 이런 옷을 찾는데 들이는 관심을 다른 사람들에게 숨김없이 보이기 때문에 그들은 내가 정장 슈트를 즐긴다는 것을 인지하게 된다. 나는 나를 표현하고, 다른 사람들은 나에게 정장 슈트에 대해 의견을 줄 수 있고 나는 그 의견을 적극적으로 받아들인다.

보이지 않는 창은 다른 사람들은 알고 있으나 나 자신은 모르는 모든 부분을 나타낸다. 예를 들어, 나는 떠들썩하게 이야기했기 때문에 다른 사람들은 나에 대해 좋지 않은 첫인상을 가질 수 있다. 그런데 그 행동에 대해 지적받지 않는다면 그것은 보이지 않는 영역이 된다. 나는 모르지만 다른 사람들은 알고 있는 영역이다. 이 영역은 다른 사람들이 나를 어떻게 생각하는지를 판단하는 영역이 된다. 이 영역이 팀장에게 가장 중요한 영역이고 소통의 핵심이 된다. 나는 A라고 생각하지만, 다른 사람들은 그것에 동의하지 않는 것이다. 이 영역을 어떻게 줄일 것인가가 소통에서 중요한 과제가 된다.

숨겨진 창은 다른 사람들과 공유하지 않고 나만이 알고 있는 영역이다. 남자의 경우, 슬픈 드라마나 영화를 보면 눈물을 흘릴 수 있는데, 어렸을 때부터 특별한 감정을 드러내서는 안 된다고 배워왔기에 다른 사람들에게 자신의 모습을 드러내지 않는 경우가 여기에 속한다. 나는 나 자신의 감성적인 모습을 알고 있지만, 나는 다른 사람들에게 감추고 있기 때문에 나의 그런 감정적 느낌을 알아채지 못하는 것이다.

미지의 창은 나 자신에 대해 다른 사람뿐만 아니라, 나 자신도 잘 알지 못하는 영역이다. 이 영역은 잘 감추어져 있어서 결코 밖으로 잘 드러나지 않는다. 나 자신이 그것들을 잘 표출하지 않기에 이러한 특성은 다른 사람들뿐 아니라 나 자신도 모르는 채 남아 있는 경우가 많다. 예를 들어, 정신과 치료를 받으며 자신의 과거에서 부모로부터 받은 폭행과 억압을 기억해내서 다른 사람들과의 원만한 관계가 잘 형성되지 않는 원인을 찾아낼 수도 있다.

열린 창을 크게 확장하라

나는 팀장으로서 팀을 맡게 되면 가장 먼저 팀원들을 진단한다. MBTI 검사와 조하리 창 진단을 해본다. MBTI 검사를 통해 팀원들의 기질(내향/외향, 감각/직관, 사고/감정, 판단/인식)을 파악하고, 조하리 창 진단을 통해, 자기 자신을 어떻게 인식하고 있는지를 진단해본다.

조하리 창 진단에서는 그 사람을 제외한 다른 팀원들의 진단을 평균 내어서 다른 사람의 눈으로 그 사람을 진단해본다. 결과는 어떨 것 같은가?

자신이 평가한 것에서는 대부분 열린 창이 엄청 크다. 즉 자신이 자기 스스로를 잘 드러내고 있으며, 다른 사람의 의견도 잘 받아들이는 괜찮은 사람으로 평가한다. 그러나 다른 사람들의 평가와 차이가 종종 많이 난다. 다른 사람들은 나를 나 자신이 생각했던 것보다 훨씬 작게 열린 창을 그린다. 즉, 자기 자신을 잘 드러내지도 않고, 다른 사람의 의견을 잘 받아들이지도 않는다고 평가하는 경우가 많다.

당신은 어떤 팀장인가? 팀장으로서 가장 바람직한 모습은 열린 창을 크게 확장하는 것이다. 나 자신을 솔직히 보여주고, 내 의견을 말하고, 다른 사람들을 적극적으로 인정해야 한다. 또한 다른 사람들의 의견이나 피드백을 적극적으로 수용하여 나 스스로를 독단에 빠트리지 말고, 내가 모르는 나의 영역을 축소해나가는 것이 중요하다.

관계와 성과를 동시에 얻는 어서티브 말하기

소통의 본 단추는 말하기다

소통의 첫 단추가 경청이었다면, 소통의 본 단추는 말하기다. 말하지 않으면 아무것도 얻을 수 없고, 아무것도 이뤄지지 않는다.

제대로 된 말은 엄청난 결과를 만들어낸다. 결코 말을 가볍게 생각해서는 안 된다. 말이 결과를 만들어내기 위해서는 말하는 사람이 보다 명확히 자기 의사를 표현해야 한다. 특히 우리나라 사람들은 말하지 않아도 상대방에게 내 마음이 전해진다고 생각하는 경우가 많다. 그러나 말로 내 의사를 전달해야 한다.

심리학 이론 중 '친밀함에 대한 소통의 편견'이 있다. 가족이나 지인에게 가깝다는 이유로 굉장히 제한된 정보를 주고, 정확한 해석을 요구하는 경우가 있다. 반대로 일반적인 정보를 주고서 과도한 해석을 요구하는 경우도 있다. 모두 말로 자기 의사를 정확히 표현하지 못하기 때문에 일어난 일이다.

고맥락문화 vs 저맥락문화

인류학자 에드워드 홀Edward Hall은 동양인과 서양인의 사고방식의 차이를 고맥락문화와 저맥락문화라는 개념으로 설명했다.[14]

우리나라와 같은 고맥락문화에서 소통의 책임은 듣는 사람에게 많다. 반면에 저맥락문화에서는 소통의 책임은 말하는 사람에게 많다. 우리나라도 점점 세계화되면서 저맥락문화의 사회로 가고 있다고 생각한다. 그렇기에 소통에서 말하기는 더욱 중요하다.

말하기로 추천하는 태도는 어서티브assertive 말하기이다. 번역하면 훨씬 본래의 뜻이 전달되지 못하는 것 같아서 영어로 표기하고자 한다.

---

14 고맥락문화(High Context Culture)에서 의사소통은 표현된 내용(대화, 글)으로부터 상대방의 진의를 유추하는 단계를 중요하게 여기는 반면, 저맥락문화(Low Context Culture)에서는 의사소통이 주로 표현된 내용에 의해 이루어지고 이는 직설적인 경향이 많다.

어서티브의 본래 뜻은 '확고한', '견고한', '자신감 넘치는' 등이다. 이 단어에는 '증명이 필요하지 않다'라는 뜻이 내포되어 있으며, 자신이 표현하고자 하는 것을 옳고 그름에 따라 증명할 필요가 없다는 의미다. 이는 상대방의 의견에 귀를 기울이고 존중하는 동시에 나와 다를 수도 있는 의견을 말하는 것이다. 불편하면 불편하다고 말하고, 싫으면 싫다고 말하며, 요청할 것이 있으면 요청하는 것이다. 사람은 누구나 틀리지 않고 다르기 때문에 자신의 의견을 표현할 권리가 있다는 것이다.

보통 말하기 태도는 세 가지로 구분된다.

① 패시브 말하기

첫째는 패시브 말하기 Passive Communication Attitude 태도이다. 패시브 태도는 자기의 비용이나 희생이 들더라도 다른 사람의 요구, 필요, 감정에 우선순위를 둔다. 이러한 사람들은 자신의 요구를 드러내지 못하거나, 자신의 요구를 지지하지 못한다. 그 때문에 다른 사람들도 그 사람의 요구나 필요를 잘 인식하지 못한다. 좋은 의도를 갖고 있는 사람들까지도 패시브 태도를 갖는 사람을 결과적으로 이용할 수도 있다. 관련 단어들로 다음과 같은 것들이 있다.

- 부드럽게 이야기하는
- 다른 사람들이 자기를 이용하게 하는

- 다른 사람들의 요구를 우선시 하는
- 눈맞춤이 어색한
- 자신의 요구나 필요를 표현하지 않는
- 자신감이 부족한

② 어그레시브 말하기

둘째는 어그레시브 말하기 Aggressive Communication Attitude 태도다. 어그레시브 말하기는 오직 말하는 자신의 요구, 필요, 감정 문제에만 관심을 갖고 표현한다. 다른 사람들을 괴롭히거나 협박하는 듯한 모습이 드러나며, 다른 사람의 요구와 필요, 감정들은 무시된다. 관련 단어들로 다음과 같은 것들이 있다.

- 쉽게 화를 내는
- 크게 말하거나 고압적인 자세로
- 타협을 잘하지 않는
- 비난, 굴욕감, 통제감을 사용하는
- 종종 가로막거나 남의 말을 듣지 않는
- 다른 사람들을 존중하지 않는

③ 어서티브 말하기

셋째는 어서티브 말하기 Assertive Communication Attitude 태도이다. 위에

서도 언급했지만 어서티브는 한국말로 번역이 쉽지 않다. '단호한, 확신에 찬, 적극적인' 정도의 단어로 번역할 수 있겠지만 뭔가 아쉬움이 남는다.

확신에 찬 태도는 말하는 사람과 듣는 사람 모두의 요구가 중요함을 강조한다. 자신의 요구, 필요, 감정 등을 지지한다. 아울러 다른 사람들의 요구에도 귀 기울이고 존중한다. 이 태도는 확신이나 타협, 협조에 자발적인 모습을 갖는다. 관련 단어들로 다음과 같은 것들이 있다.

- 방해없이 경청하기
- 명확하게 요구나 필요를 말하기
- 타협에 자발적인
- 자신의 권리를 지지하는
- 확신에 찬 목소리와 몸가짐
- 편안하고 자신있는 눈맞춤

지금까지 살펴본 말하기 태도를 다시 한 번 정리해보고, 각 태도에 따른 대화의 예시를 확인하며 몇 가지 연습해보자.

[그림 9-2] 말하기 점검 및 연습

		남의 의견을	
		귀 기울여 듣는다	귀 기울여 듣지 않는다
나의 의견을	스스로 알고 표현한다	어서티브 말하기	어그레시브 말하기
	스스로 모르고 표현하지 않는다	패시브 말하기	말하기가 아님

출처: 김호(2016), p.134. 재구성

예시)

상황	친구가 당신의 자동차를 빌려달라고 요청한다. 이것은 당신에 매우 큰 불편함을 준다.
패시브 말하기	음~~글쎄, 괜찮을 것 같아. 혹시 기름도 채워줘야 할까?
어그레시브 말하기	절대 안 돼, 미쳤어? 내가 왜 너에게 차를 빌려줘야 하지? 미친 거 아냐?
어서티브 말하기	네가 요청한 그날은 내가 차를 써야 돼, 그렇지만 내가 너를 필요한 곳까지 데려다 줄 수는 있을 것 같은데~~

[연습1]

상황	모든 동료가 퇴근한 상태인데도 상사는 당신에게 늦게 까지 남아서 일을 하라고 요청했다. 당신은 항상 늦게까지 근무했다. 그러나 오늘은 당신에게도 특별한 약속이 있다.
패시브 말하기	
어그레시브 말하기	
어서티브 말하기	

[연습2]

상황	오늘 친구가 불쑥 당신의 집을 방문했다. 보통 당신은 친구를 기쁘게 맞아준다. 그런데 오늘은 당신이 끝내지 못한 일로 너무 바쁘다.
패시브 말하기	
어그레시브 말하기	
어서티브 말하기	

266

소통에 있어서 말하기는 본 단추이다. 팀장으로서 말해야 할 때를 잘 알아야 한다. 말하지 못함으로써 발생되는 손실은 막대하며, 반면에 제대로 된 말은 더 좋은 성과를 얻는 결과를 가져오기도 한다. 어서티브 말하기를 통해 관계와 성과를 동시에 얻는 팀장이 되기를 바란다.

아날로그+디지털 =디지로그

박항서 감독의 아날로그 소통법

디지로그는 디지털 기술과 아날로그 감성을 결합한 개념이다. 나는 우리 조직에서 필요한 소통이 바로 이 디지로그 소통법이라고 생각한다. 즉, 아날로그적 요소와 디지털적 요소를 모두 합한 소통법이 필요하다. 아날로그적 소통법의 좋은 예는 디지털 기기에 의존하기보다는 얼굴을 마주하고 식사를 같이 한다거나, 센스 있는 손 메모와 손으로 직접 포장한 자그마한 감사 표시를 한다거나 하는 더불어 부대끼는 소통법이다.

베트남 국가축구대표팀 감독인 박항서 감독의 소통법은 전형적인 아날로그 소통법이다. 박항서 감독은 항상 스킨십을 강조한다. 박항서 감독이 말하는 스킨십은 서로 부대끼며 함께 어울리는 협동과 원팀을 강조한 것이다. "나는 감독이야. 너희와는 달라"라는 모습을 그에게서는 찾아볼 수 없다.

그는 축구팀 팀원들과 부대끼며 늘 함께 있었다. 따로 식사하지 않고, 늘 팀원 사이에서 식사했고 팀원들이 어떤 음식으로 건강관리를 하는지도 그 시간을 통해 체크했다. 팀원이 아프면, 직접 찾아가서 살피고, 건강마시지기로 직접 아픈 부위를 마사지해주기도 했다. 국가대항 A매치를 마치고 귀국하면서 부상당한 팀원에게 자기의 비행기 비즈니스 클래스를 내어 주고, 자신은 팀원의 이코노미 클래스에 앉는 모습은 그의 아날로그 소통법을 여실히 보여준다. 나이로 보면 자녀나 조카뻘 밖에 되지 않는 팀원들이지만, 그는 권위나 분리를 원하지 않았다.

NEW 세대의 디지털 소통법

오늘날에는 박항서 감독식 아날로그 소통과 더불어 디지털 소통을 익혀야 한다. 이 디지털 소통을 스마트 기기 중심의 소통으로만 말하는 것이 아니라, 새로운 문화를 이끌고 있는 새로운 세대와의 소통법을 포괄적으로 말하고자 한다. 그러기 위해 두 가지를 습득해야 한다.

첫째, 새로운 세대 자체를 배워라. 새로운 세대는 꼭 나이만으로 제한하지 않는다. 새로운 문화, 가치관, 생활양식 등으로 구별할 수 있다. 탁월한 팀장이 되기 위해서는 새로운 세대에게서 배워야 한다.

SBS스페셜 〈마흔, 팀장은 왜 그럴까〉에서 인상적인 장면이 있었다. 프랜차이즈 회사에서 메뉴개발팀 팀장이 젊은 마케팅 담당직원과 함께 음식을 개발하는 장면이 나온다. 요리경력 20년의 메뉴개발팀 팀장은 맛있고 건강한 음식을 개발하고자 골몰한다. 젊은 마케팅 담당자는 사진 찍고 싶을 정도로 비주얼 쪽으로 유혹이 되는 메뉴를 개발해야 한다고 한다. 팀장은 대뜸 "이게 음식이돼? 이게 말이 돼?"라고 실소한다. 소통이 되지 않는다.

그런데 놀라운 것은 이 젊은 마케팅 담당자는 퓨전 막걸리를 개발해서 성공한 경험을 갖고 있었다. 맛보다는 SNS에서 인기 많을 것 같은 제품을 개발해서 성공한 것이다. 기존 막걸리가 2,000원 내외였다면 이 퓨전막걸리는 7~8,000원에, 그것도 엄청 팔리고 있었다. 여기에서 팀장급의 한 리더는 이렇게 말했다.

"SNS 이런 거 계속 확인하는데 충격적이었어요. 계속 그 퓨전 막걸리 사진이 올라오는 거예요. 제가 오히려 역으로 배우는 결과가 됐죠. 결국은 결과가 말해주는 거니까요"

그렇다. 주류세대와 문화가 바뀌고 있다. 그들과 새롭게 소통하는 디지털 소통이 필요하다.

새로운 세대와의 소통을 위해 공부할 필요가 있는데, 요즘 이와 관련된 책들이 정말 많다. 새로운 세대를 다룬 책들도 보고, 그들이 즐기는 TV프로그램과 영화, 음악 등을 의도적으로 보는 것이 필요하다. 가장 좋은 방법은 새로운 세대들이 자주 모이는 온라인, 오프라인에 참가해 그들과 함께하기 위한 노력을 하는 것이다.

둘째로 새로운 세대와의 디지털 소통을 원활하게 하기 위해서는 디지털 기기나 프로그램에 익숙해질 필요가 있다. 얼마 전 공공기관 팀장급을 대상으로 세대간 소통을 위한 워크숍을 진행한 적이 있다. 팀원들의 불만을 정리해서 나누는 시간이 있었는데, 가장 많이 나온 불만은 팀장들이 디지털 기기나 프로그램에 너무 익숙하지 않아 사용법을 여러 번 반복해서 알려줘야 하고, 쉽게 할 수 있는 디지털 문서도 매번 팀원들에게 시켜서 힘들다는 것이었다.

많이 개선되고는 있지만 여전히 디지털 기기나 프로그램에 거부감을 갖는 팀장들이 있다. 우리 사회 자체가 디지털 소통이 큰 흐름이지 않는가? 2020년 상반기에 카카오가 이미 현대차의 시총을 넘기고 있는 상황 아닌가? 새로운 세대와 원활한 소통을 하려면 디지털 기기나 프로그램에 익숙해져야만 한다.

한 공공기관 교육에서 카톡 메시지 보내기 실습을 한 적이 있는데 한 학습자가 당당히 자기는 2G폰을 쓰기에 실습을 하기 어렵다고 한 적이 있었다. 이전 시대에는 자신의 일만 열심히 하면 일 잘하는 사람으로 인정받았을지 모르지만 지금은 전혀 다른 시대가 된 것을 그는 이해하지 못하는 듯했다. 그런 모습을 보면 팀원들과 과연 어떻게 소통하고 있는지 궁금하기까지 한다.

팀장들이 디지털 기기나 프로그램을 잘 다루지 못하는 것은 그 일 자체가 어려워서가 아니라, 새로운 것을 배우는 것이 귀찮고 불편한 이유가 더 큰 것 같다. 기존의 생활방식을 유지하려고 하는 관성 때문이다. 과감히 새로운 변화를 받아들이고 활용해야 한다.

요즘 팀원들과는 직접 만나 대화하기보다는 카톡으로 훨씬 더 대화가 잘되는 경우가 많다. 말로는 주저하던 팀원들이 카톡으로는 자신의 의견을 잘 표현한다. 또 이메일을 통해 본인의 뜻을 잘 정리해서 보내주는 팀원들도 있다. 결제나 허락이 필요한 경우도 언택트하게 이메일로 보고하는 경우도 많다. 앞에서 언급한 새로운 세대의 특징인 조급한 학습자답게 그들은 빠른 피드백을 받기 원한다. 때문에 팀장은 책상 위의 컴퓨터가 아닌 내 손의 스마트폰에서 이메일로 읽고 피드백 할 수 있어야 할 것이다.

이 디지털 기기나 프로그램에서 필연적 파생된 것이 신조어이다. 새로운 세대들이 카톡으로 대화를 빨리 진행해야 하기에 줄임말들을 사용하기 시작하며 신조어가 만들어진 것이다. 그렇기에 새로운 세대들이 사용하는 신조어들을 배워서 간간히 사용함으로써 긴장 속에 유머와 여유가 있는 대화를 만들 필요가 있다. 최고의 소통가들은 하나같이 모두가 스몰토크의 달인들이었다. 이 스몰토크의 중요한 밑천 중에 하나가 신조어이다. 신조어 속에 담긴 새로운 세대들의 생각, 이야기, 가치관 등을 알 수 있다.

소통이 잘되는 조직의
SPEAK 소통법

소통의 3가지 영역

조직에서 소통은 크게 세 가지 영역으로 나눌 수 있다. 나 중심의
Win-Lose 영역이 있다. 이 영역은 내가 문제를 소유한 영역으로
상대방은 별로 관심이 없다. 반대로 상대 중심의 영역은 나의 시
각으로는 Lose-Win 영역이다. 이 영역은 상대방이 문제를 소유
한 영역이지만 나에게 영향을 미치지 않기에 별로 관심이 없다.
상대방 중심의 소통이 된다.

나 Win – Lose (IAA: I Accetped Area)	공통 영역 Win-Win (WAA: We Accepted Area)	상대 Lose-Win (YAA: You Accepted Area)

소통에서 가장 관심을 갖는 영역은 공통영역 Win-Win이다. 이 영역은 나와 상대가 함께 이슈를 공유한 영역이면서 한편으로는 나와 상대가 함께 동의해야 하는 영역이 된다. 또한 이 영역이 커질수록 소통이 잘되는 조직으로 정의할 수 있다. 이 영역을 늘리는 방법이 Win-Win 소통이다. 조직에서 일하다 보면 공이 나에게도 있지 않고, 상대방에도 있지 않고 네트에 걸린 경우가 많다. 그 부분을 어떻게 처리하는가가 건강한 조직, 성과를 내는 조직 여부를 판가름한다.

Win-Win 소통이 되기 위한 팁을 아래와 같이 SPEAK 소통법으로 제시해보겠다.

Win-Win의 소통으로

① 상황을 공유하라(Share)

공통 영역을 넓히고, 상대방과 함께 이 영역에 동의하기 위해서는 상황을 공유해야 한다. 상황을 공유하는 가장 정확한 방법은 사실을 있는 그대로 표현하는 것이다. 나의 감정이나 판단을 넣어 말하는 것이 아니라, 있는 그대로의 사실을 말하는 것이다.

만약 보고서에 오타가 많고 마감 시간을 맞추지 못했다면, 그 사실만을 말하고 상대방이 이에 대해 상황을 함께 공유하도록 한다. 정성이 부족하다거나, 꼼꼼하지 못하다는 등 나의 감정이나 판단을 넣지 않는다. 이 상황은 팀장인 나의 문제도 아니고, 팀원인 상대방의 문제도 아닌 우리의 문제, 우리가 해결해야 할 상황임을 인식시킨다.

② 계획을 구체화하라(Plan)

상대방이 이 상황을 공유했다면, 이제는 팀장인 나의 계획을 전하는 것이 좋다. 이 상황을 개선하기 위해 팀장인 내가 어떻게 구체적으로 계획을 갖고 있는지를 설명한다. 이것은 상대방이 어떻게 준비하고 반응해야 하는지를 알려준다. 여기에서 계획을 구체화한다는 것은 내가 나의 계획을 일방적으로 통지하는 것을 말하지 않는다. 이 공유된 상황에서 개선점을 찾기 위한 프로토 타입을 말하는 것이다.

그러면 상대방은 팀장의 의도와 계획을 구체적으로 알게 됨으로써 팀원이 앞으로 어떻게 준비하고 변화나 개선의 방향을 잡아야 하는지 깨닫게 된다. 아울러, 계획에 동의하지 못할 경우, 그 계획의 수정을 요구할 수 있는 반론을 준비할 수도 있다.

③ 기대하는 결과를 말하라(Expectation)

이런 계획을 통해 팀장인 내가 기대하는 결과를 말하도록 한다. 기대하는 결과의 모습은 'Win-Lose'가 아닌, 'Lose-Win'도 아니다. 나와 상대방 모두에게 유익한 'Win-Win'의 모습임을 설명해야 한다.

즉, 내가 너를 조정하거나 지배하는 것이 아니고, 또 내가 너로 인해서 힘들어하고 고통스러워 하는 것이 아니라, 우리 모두에게 유익된 것임을 인식시킬 필요가 있다. 또한 이 Win-Win의 모습은 바람직한 것이고, 가능한 것이고 합리적인 것이 되도록 노력해야 한다.

④ 질문으로 확인하라(Ask)

이 공통영역에 대해 대화할 때는 상대방이 편안하게 자기 의견을 표현할 수 있도록 분위기를 이끌어야 한다. 대화의 목적이 상대방과 논쟁을 하는 것이 아니라 정보를 습득하고, 해결안을 찾고, 어떤 일을 수행함에 있어 최선의 방법을 찾는 것이라면 상대방이 이 주제에 대해 편안하고 활발하게 자신의 의견을 표현할 수 있도록 도와주어야 한다. 그렇기에 질문을 통해 상대방의 의견을 확인할 필요가 있다. 상대방이 표현한 의견, 감정, 생각 들에 귀를 기울여야 한다.

⑤ 함께 실행하라(Keep together)

마지막으로는 함께 실행하는 것이다. 대화로서 끝내지 말고 구체적인 실행을 하는 것이 중요하다. 어디까지 역할을 나누어 할 것인가? 언제까지 할 것인가? 공통영역이 확장된 것을 어떻게 점검할 것인가? 실행사항을 분명하게 하고, 약속사항도 가능하면 기록한다. 그리고 약속이 지켜지지 않을 경우, 그에 따른 불이익도 분명히 한다.

마지막 장을 소통으로 마무리한 것은 큰 의미가 있다. 결국 조직생활은 소통으로 시작해서 소통으로 끝나기 때문이다. 조직은 결국 사람이며, 그 사람은 소통으로 일을 시작하고 소통으로 일을 매듭짓고 성과를 창출한다.

어떻게 보면 소통의 달인이 된다는 것은 팀장으로서 엄청난 무기를 장착한 것이며, 결코 싸움에서 패배하지 않는 아이템을 소유한 것이다. 소통의 달인이라는 큰 바다 위에 성과와 성장, 행복이라는 멋진 배를 띄워 보내는 탁월한 팀장이 되길 바란다.

✎ 리더로서 조하리의 창에서 가장 고민해야할 창은 '보이지 않는 창' 이다. 팀장으로서 보이지 않는 창에 해당되는 당신의 모습으로 어떤 것들이 있는가?

_____

_____

_____

_____

_____

✎ 혹시 말하기가 불편한 팀원이 있는가? 어서티브한 말하기로 팀장인 당신의 생각이나 의견을 말해보라.

_____

_____

_____

_____

_____

_____

✏️ 탁월한 팀장의 소통법으로 디지로그 소통을 제안했다. 당신의
팀을 소통이 잘되는 팀으로 만들기 위해서 새롭게 적용할
디지털과 아날로그 소통 방식을 각각 한 개씩을 제안해보라.

경청 자가테스트

다음 각 질문에 대해 당신의 경청습관을 가장 잘 나타낸 답변을 고르시오.
(보통 그렇다: 3점, 가끔 그렇다: 2점, 거의 그렇지 않다:1점)

번호	내용	점수
1	나는 상대방과 눈을 맞추며 대화한다.	
2	나는 상대방의 외모나 말로 상대방의 아이디어가 가치 있는지를 판단한다.	
3	나는 상대방의 관점에서 메시지를 이해하려고 노력한다.	
4	나는 전체적인 흐름보다는 섬세한 부분에 더 귀를 기울인다.	
5	나는 상대방의 표현된 말이나 글 이면에 흐르는 감정이나 사실적 내용에 더 귀를 기울인다.	
6	나는 정확히 이해했는지를 파악하기 위해서 질문을 한다.	
7	나는 끝까지 말을 들어본 후에 상대방에 대한 판단을 내린다.	
8	나는 이야기를 들을 때 논리적이고 일관적인지를 평가하며 듣는 경향이 있다.	
9	나는 이야기를 들을 때 기회가 되면 어떤 이야기를 할 것인지를 생각하면서 듣는다.	
10	나는 결정적인 발언(혹은 마무리 발언)을 하려고 기다린다.	
합계		

출처: 스테펀 P. 로빈스 & 필립 L. 훈세이커 (2006)

[채점 및 결과해석]
- 질문 2, 4, 9,10은 반대로 점수를 매긴다.
- 합계 점수가 **27점 이상** - 훌륭한 경청자
- 합계 점수가 **22~26점** - 개선이 다소 필요한 경청자
- 합계 점수가 **22점 이하** - 나쁜 경청자

조하리의 창 진단

다음 각 문항에 대해 점수를 부여하고(흰 공간), 그 점수를 아래의 빈 공간에 합계하여 기재해보라.

(매우 그렇다:5점 / 그렇다:4점 / 보통이다:3점 / 그렇지 않다:2점 / 전혀 그렇지 않다:1점)

No	설문 문항	점수	
1	나는 생각하고 있는 바를 솔직하게 말한다.		
2	나는 상대방이 나를 비판할 때 변명보다는 귀를 기울이는 편이다.		
3	나는 어떤 일에 대하여 잘 모르는 것은 잘 모른다고 솔직히 말한다.		
4	나는 상대방의 의견을 잘 받아들이는 편이다.		
5	나는 상대방의 잘못을 지적할 필요가 있을 때에는 직접 말하는 편이다.		
6	나는 상대방의 감정과 의견을 존중한다.		
7	나는 별로 좋은 일이 아닐지라도 남들이 알아야 할 일이라면 알려준다.		
8	나는 자신의 의견에 대해서 상대방이 어떻게 생각하는지 물어보는 편이다.		

번호	설문		
9	나는 인간관계에 있어서 나 자신을 정직하게 표현한다.		✕
10	나는 다른 사람들이 그들의 생각을 자유롭게 제기할 수 있도록 한다.	✕	
11	나는 자신의 감정이나 생각을 터놓고 이야기한다.		✕
12	나는 대화나 토의할 때 다른 사람이 그들의 생각을 발표하도록 권장한다.	✕	
13	나는 처음 만나는 사람에게도 자신을 솔직히 드러내는 편이다.		✕
14	나는 다름 사람과 이야기할 때, 이야기를 독점하고 대화를 독단적으로 이끌지 않는다.	✕	
15	나는 다름 사람에 비해 비밀이 적은 편이라고 생각한다.		✕
16	나는 나와 의견이 다른 사람이라도 그의 의견을 끝까지 듣는 편이다.	✕	
17	나는 상대방 의견에 공감하면 바로 인정한다.		✕
18	나는 다른 사람이 나의 말에 찬성하지 않는다고 화내거나 짜증내지 않는다.	✕	
19	나는 옳다고 생각하는 것에 대해서는 상대방을 적극 설득하는 편이다.		✕
20	나는 다른 사람의 조언이나 충고를 고맙게 받아들인다.	✕	
합 계			
		홀수	짝수

※다른 사람으로부터 평가를 받고 싶을 경우, 설문에서 '나는'을 '그는 (또는 그녀는)'으로 바꿔서 설문을 진행할 수 있다. 그 점수로 본인이 스스로 진단한 결과와 비교해볼 수 있다.

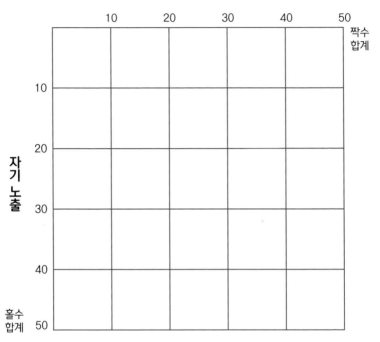

1. 짝수의 합계 점수를 가로에 표시하고, 홀수의 합계 점수는 세로에 표시한다.

2. 표시된 각각의 점수를 선으로 이으면 네 개의 사각형이 만들어지며, 그 사각형의 크기에 따라 자신의 모습을 확인할 수 있다.

3. 열린 창, 보이지 않는 창, 숨겨진 창, 미지의 창의 크기를 확인하며, 자신의 열린 창 모양을 살펴본다. 타인수용과 자신의 노출 정도에 따른 크기의 형태를 확인한다.

낙관적 태도로
난관을 극복하라

이제는 여러 장에 걸쳐서 살펴본 팀장에 대한 고민과 생각을 정리해야 할 때다.

팀장 역시 조직의 구성원으로서, 조직의 또 다른 구성원들을 이끌고 성과를 내야 하며, 조직에서 요구한 것들을 팀원들에게 요구하고, 또 팀원들의 요구들을 조직에 반영해야 하는 중간적 역할을 감당해야 한다. 종종 그 역할을 던져 버리고 홀홀 떠나고 싶을 때가 있다. 그럼에도 해가 뜨면 어김없이 출근을 하고, 팀장의 자리를 지킨다. 단지 생계나 지위 때문이 아니다. 팀장인 나를 믿고 따라와 주고 더불어 헌신해준 팀원들에 대한 믿음, 고마움, 의리, 그런 것들 때문이지 않을까 싶다.

팀장을 하면서 가장 나를 괴롭혔던 것은 보이는 것보다 보이지 않는 것들 때문이었다. 사람과의 관계, 나 스스로에 대한 실망, 열등감, 경쟁심 등. 지나고 보니, 좀 더 나를 사랑하고 인정하고 위로했다면 훨씬 행복한 팀장 역할, 리더의 역할을 하지 않았을까 아쉬움이 남는다.

팀장의 역할을 감당하다 보면, 생각처럼 팀이 잘 운영되지 않는 경우가 발생한다. 당연히 여러 이유가 존재한다. 그럴 때 나는 되도록 낙관적인 사고와 태도를 유지하려고 노력했다.

미국의 심리학자인 마틴 셀리그만Martin Seligman은 낙관적 사고와 태도는 발생한 사건에 따라 결정되는 것이 아니라, 그 사건을 어떻게 해석하는가에 따라 결정된다고 했다. 낙관주의자들은 긍정적인 사건을 영구적·확대적·개인적 원인 때문으로 해석하며, 부정적인 사건은 일시적·특수적·외부적 상황요인에 의한 것이라고 해석한다.

즉, 낙관주의적 사고를 지닌 사람은 그들의 삶에서 생각지도 않았던 긍정적인 사건을 자기 자신으로 말미암은 것으로 해석한다. 이러한 긍정적인 사건의 원인을 자신의 힘으로 제어할 수 있는 범위에서 이루어진다는 것으로 본다. 반면 부정적인 사건은 특수하고 일시적인 상황 속에서 나의 힘으로 제어할 수 없는 범위에서 이루어진 것으로 받아들인다. 동일한 사건이지만 해석을 달리하는 것이다. 나는 의도적으로 상황을 낙관적으로 해석하려고 노력했다. 좋은 결과를 상상하며 그 모습을 현재에 품어 이식하도록 노력했다.

어쩌면 인간은 본질적으로 생존하기 위해, 상황을 비관적으로 보고 그것에 대해 대비하려는 태생적 본능을 갖고 있는 듯하다. 그러나 이러한 태도에 무의식적으로 동의해버리면, 팀장은 팀원을 이끌고 목적한 항해를 제대로 해내기 어려울 것이다.

분명 어려움에 부딪히게 될 것이고, 어쩌면 스스로 지쳐 떨어져 나갈 수도 있다. 이때 난관을 포기하라는 것이 아니다. 때론 내려놓을 필요가 있다. 지금 어려움에 봉착해서 뚫지 못하고 있다면, 그 방법 외에 다른 방법을 통해 더 나은 결과를 만들어낼 수 있음을 믿어야 한다. 두려움이 아닌 믿음으로 자기를 객관적으로 한 걸음 떨어져서 바라보는 관조와 여유가 필요하다.

긴 호흡으로 비관을 버리고 낙관을 선택하라고 조언하고 싶다. 난 '선택'이라는 단어를 좋아한다. 세상의 모든 일들이 결정되지 않았고 나의 선택에 따라 결과는 항상 변한다고 믿기 때문이다.

당신이 선택한 낙관적 사고와 태도가 다양한 난관과 역경, 격무와 스트레스에 쌓인 당신을 지켜줄 것이다.

마지막으로 오늘도 팀장의 역할을 묵묵히 수행하고 있는 당신의 성공과 승리를 진심으로 응원한다.

| 참고문헌 |

[국문]

MAP자문교수단(2005), 《말콤볼드리지 성공법칙》, 김영사.

김정현(2016), 《조직구성원이 인식한 최고경영자의 감성리더십, 학습조직, 구성원의 긍정심리
　　　자본, 조직유효성 간의 구조적 관계에 관한 연구》, 숭실대학교 대학원.

김호(2016), 《나는 왜 싫다는 말을 못 할까》, 위즈덤하우스.

도로시 리즈(2002), 《질문의 7가지 힘》, 더난출판.

마틴 셀리그만(2008), 《학습된 낙관주의》, 21세기북스.

마틴 셀리그만(2014), 《긍정심리학》, 물푸레.

메러디스 벨빈(2012), 《팀이란 무엇인가》, 라이프맵.

문용갑, 이남옥(2018), 《조직갈등관리》, 학지사.

박태호 · 이지영 · 이형백(2012), 《글로벌 감성 커뮤니케이션》, 대왕사.

송계전(2017), 《진짜 성과관리PQ》, 좋은 땅.

스테펀 P. 로빈스 & 필립 L. 훈세이커(2006), 《관리혁신을 위한 대인관계 스킬》, 시스마프레스.

임홍택(2019), 《90년생이 온다》, 웨일북.

전상진(2018), 《세대 게임》, 문학과 지성사.

제리 하비(2013), 《생각대로 일하지 않는 사람들》, 엘도라도.

존 가트맨 & 낸 실버(2014), 《부부 감정치유》, 을유문화사.

케네스 머렐 외(2004), 《권한위임의 기술》, 지식공작소.

피터 G. 노스하우스(2010), 《리더십 이론과 실제》, 경문사.

피터 드러커(2010), 《성과를 향한 도전》, 간디서원.

하버드 비즈니스 프레스(2008), 《팀 관리의 기술》, 한스미디어.

한철환, 김한솔(2016), 《설득하지 말고 납득하게 하라》, 비즈페이퍼.

허두영(2018), 《요즘 것들》, 씽크스마트.

허두영(2019), 《세대공존의 기술》, 넥서스.

[외국]

Blanchard, K. & William Oncken(1989), 《The one minute manager meets the
  monkey》, William Morrow & Company. Inc.

Blanchard. K(2019), 《Leading at a higher level(3rd Edition)》, Pearson.

Blake, R. R., & Mouton, J. S(1964), 《The managerial grid》, Gulf.

Daniel Goleman, Richard Boyatzis, Annie McKee(2002), 《Primal leadership. realizing
  the power of emotional intelligence》, Harvard business school press.

Daniel H. Pink(2009), 《Drive》, Riverhead books.

James M. Kouzes & Barry Z. Posner(2012), 《The leadership challenge》,
  A Wiley Brand.

John H. Zenger & Joseph R. Folkman(2009), 《The Extraordinary leader》, McGraw-Hill.

Jim Collins(2001), 《Good to Great》, HarperCollins Publishers.

Mihaly Csikszentmihalyi(1997). 《Finding Flow》, Basic Books.

Richard L. Williams(2005), 《Tell me how I'm doing》, AMACOM.

Robert Bacal(1997), 《Performance management》, McGraw-Hill.

Roger Fisher, Bruce Patton, William L. Ury(2011), 《Getting to Yes》, Penguin Group.

Rubin, J. Z & Pruitt, D. G & Kim, S. H. (1994), 《Social conflict》, McGraw-Hill.

Stephen R. Covey(1989), 《The Seven Habits of Highly effective people》, Simon and Schuster.

Steven J. Stein & Howard E. Book(2011), 《The EQ edge》, A Wiley Brand.

LEADERSHIP FOR
TEAM LEADER
TEAM LEADER
TEAM LEADER
TEAM LEADER
팀장 리더십 수업
TEAM LEADER

팀장 리더십 수업

초판 1쇄 발행 2021년 3월 15일
초판 10쇄 발행 2023년 11월 27일

지은이 김정현
펴낸이 정덕식, 김재현
펴낸곳 (주)센시오

출판등록 2009년 10월 14일 제300-2009-126호
주소 서울특별시 마포구 성암로 189, 1711호
전화 02-734-0981
팩스 02-333-0081
메일 sensio@sensiobook.com

기획·편집 이미순, 심보경
디자인 Design IF

ISBN 979-11-6657-007-0 (03320)

이 책은 저작권법에 따라 보호받는 저작물이므로 무단 전재와 복제를 금지하며,
이 책 내용의 전부 또는 일부를 이용하려면 반드시 저작권자와 (주)센시오의 서면동의를 받아야 합니다.

잘못된 책은 구입하신 곳에서 바꾸어드립니다.

소중한 원고를 기다립니다. sensio@sensiobook.com